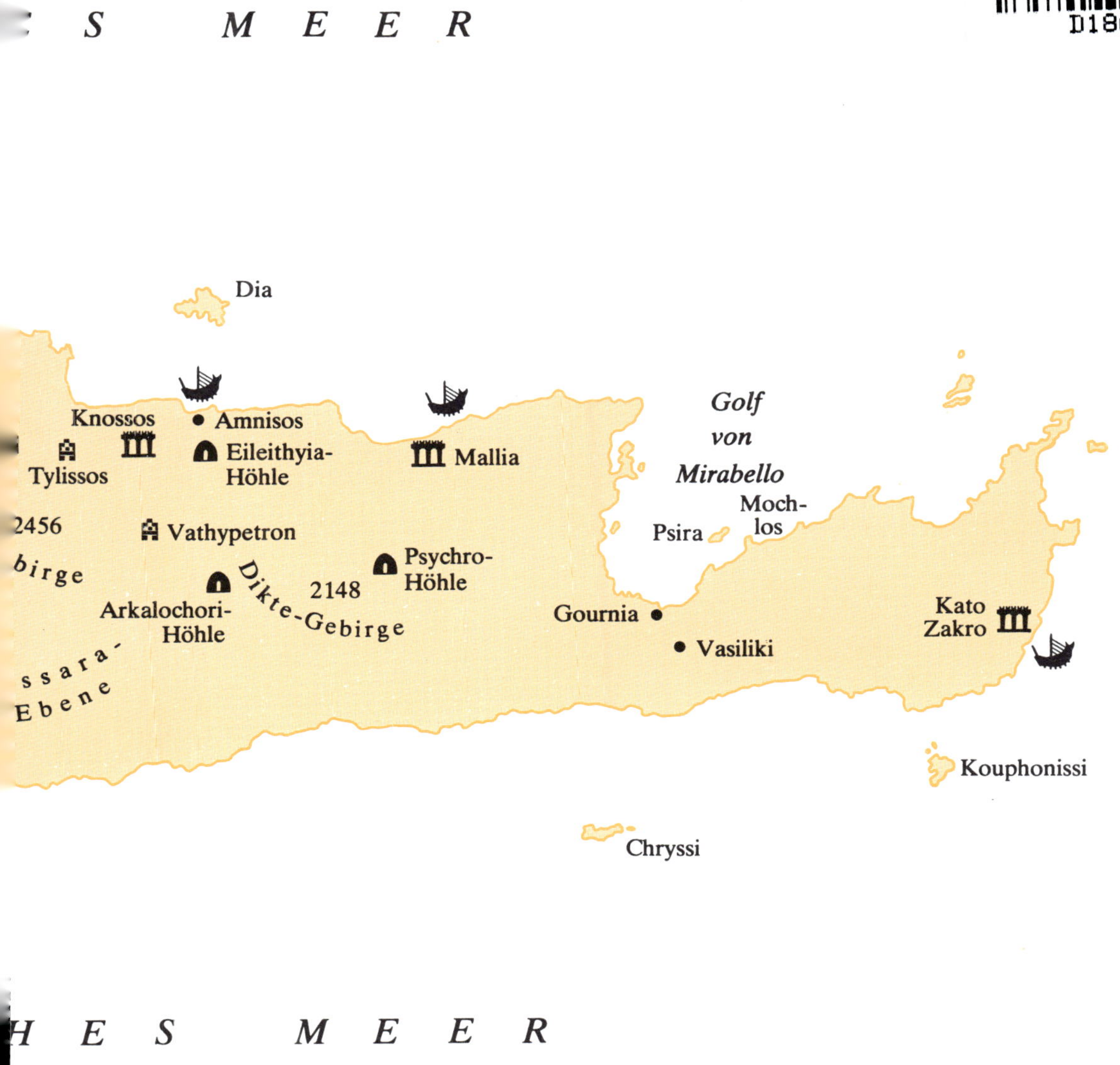
S MEER
Dia
Knossos
Amnisos
Tylissos
Eileithyia-
Höhle
Mallia
Golf
von
Mirabello
Moch-
los
Psira
2456
Vathypetron
birge
Psychro-
Höhle
Dikte-Gebirge
2148
Arkalochori-
Höhle
Gournia
Vasiliki
Kato
Zakro
ssara-
Ebene
Kouphonissi
Chryssi
HES MEER

Alte Kulturen am Mittelmeer

Illustrationen
von Ludwig Winkler

Reinhard Witte

Kreta

Insel des Minos

Der Kinderbuchverlag
Berlin

Für meine Kinder

Dieses Bruchstück einer Wandmalerei aus dem Westflügel des großen Palastes von Knossos zeigt eine Minoerin, von den Entdeckern »kleine Pariserin« genannt (Höhe etwa 25 cm, 15. Jh. v. Chr.)

Im äußersten Süden Griechenlands liegt Kreta – die fünftgrößte Insel des Mittelmeeres. Hier entstand um 2000 v. Chr. – lange, bevor die alten Athener und nach ihnen die Römer mächtig wurden – der erste Staat in Europa. Bis zum Ende des vorigen Jahrhunderts wußte noch niemand davon. Einzig Sagen und Legenden kündeten vom alten Kreta, wo in einem riesigen Palast König Minos geherrscht haben soll.

Altertumsforscher gingen den sagenhaften Spuren nach. So hatte sich auch der berühmte Entdecker des alten Troja, Heinrich Schliemann, zu Ausgrabungen nach Kreta begeben. Doch vergeblich! Erst zehn Jahre nach seinem Tod – seit dem Jahre 1900 – wurden auf der »Insel des Minos« durch ständige Ausgrabungen nach und nach fünf große Palastzentren, zahlreiche Siedlungen und Gräber sowie Tontafeln mit rätselhaften Schriftzeichen aus jener sagenumwobenen Zeit entdeckt.

Einzigartige Funde zeugen von der hohen handwerklichen und künstlerischen Begabung der alten Kreter. So bewundern wir die farbenprächtigen Wandmalereien ihrer Paläste und Häuser, ihren kunstvoll geschmiedeten Goldschmuck und ihre dekorativ geformten Tongefäße. Doch kennen wir weder die Namen der Meister, noch wissen wir, welchen Namen sich die damaligen Inselbewohner selbst gaben. Der englische Ausgräber des größten kretischen Palastes in Knossos, Sir Arthur Evans, benannte sie nach ihrem sagenhaften König Minos.

Die Minoer, deren Vorfahren am Ende des 7. Jahrtausends v. Chr. aus Kleinasien und vermutlich auch aus Nordafrika nach Kreta kamen, waren zugleich tüchtige Seefahrer und kluge Händler. Bereitwillig lernten sie von den schon hochentwikkelten Kulturen des Alten Orient und schufen sich ihre eigene Zivilisation. Ihr Wissen und Können wiederum vermittelten sie vor allem an die Bewohner des griechischen Festlandes – die Mykener – weiter.

Heute gilt die Mittelmeerinsel Kreta als Ursprungsort europäischer Kultur.

Auf der Suche nach dem Königspalast

Idealbildnis des blinden Sängers Homer (römische Kopie eines späthellenistischen Werkes). – Der große Dichter soll im 8. Jh. v. Chr. die »Ilias« geschaffen haben. In ihr besingt er die Heldentaten von Griechen und Trojanern vor Troja, die sich die Menschen schon 500 Jahre zuvor erzählten. Die Gelehrten streiten darüber, ob Homer auch der Schöpfer der »Odyssee« ist. Um den Sänger selbst ranken sich viele Rätsel.

Kreta ist ein Land im dunkelwogenden Meere,
fruchtbar und anmutsvoll rings umflossen. Es wohnen
dort unzählige Menschen in neunzig Städten,
Völker von mancherlei Stamm und mancherlei Sprachen.
...
Ihrer Könige Stadt ist Knossos, wo Minos geherrscht hat,
der aller neun Jahre sich mit Zeus, dem großen Gotte, beriet.

Mit diesen schönen Worten beschrieb im 8. Jahrhundert v. Chr. der große griechische Dichter Homer die Insel Kreta. Jedoch konnte er zu seinen Lebzeiten schon nicht mehr die großen Paläste, die einst dort standen, besichtigt haben. Denn über ein halbes Jahrtausend zuvor waren diese zerstört worden. Niemand kümmerte sich um die Palastruinen. Niemand wollte sie wiederaufbauen, wie es die Menschen früher noch ab und zu taten. Verlassen und einsam lagen sie da. Die lange Zeit hatte mit Hilfe von Regen und Wind an ihren Steinen gefressen und letztendlich die Überreste der Paläste mit Erde bedeckt. Nun wuchsen dort, wo Könige vor vielen, vielen Jahren herrschten, Bäume und Sträucher, Blumen und Gras – jahraus, jahrein.
Und so wie die Natur das Land immer wieder in bunte Farben tauchte, wie die Sonne alle Menschengenerationen wärmte, so vererbte sich vom Großvater auf den Vater, vom Vater auf den Sohn die Kunde von einem längst vergangenen mächtigen Königreich und einem gerechten König Minos fort. Irgend jemand hatte auch Homer davon berichtet. Er erzählte weiter, was er wußte. Viele griechische und römische Autoren, die nach Homer lebten, schrieben in ihren

Büchern mehr über das alte Kreta. Sie hatten sich gleichfalls die Sagen erzählen lassen und schmückten sie mit ihrer Phantasie stets ein bißchen aus. So wußten die Menschen schließlich immer weniger, was wahr ist an den Geschichten und was – nein: nicht falsch, sondern – erfunden! Doch weiß man ja, daß es einen Unterschied zwischen einer Sage und einem Märchen gibt. Letzteres ist völlig frei erfunden, ein reines Phantasieprodukt. In einer Sage jedoch steckt ein wahrer, ein geschichtlicher Kern. Den muß man auswickeln wie ein Geschenk, das zum Scherz im kleinsten von mehreren Kartons steckt und von viel Papier umhüllt ist.

Einst, so berichtet eine Sage, verwandelte sich der mächtige Gott Zeus in einen Stier und schwamm von Kreta aus über das Meer zur phönikischen Küste. Dort legte er sich an den warmen Strand und ließ sich von der Sonne trocknen. Dabei beobachtete er die anmutigen Mädchen, die ganz in seiner Nähe spielten. Unter ihnen war auch die Tochter des Königs Agenor, Europe. Diese fand Zutrauen zu dem zahmen Stier und setzte sich aus Spaß auf dessen Rücken. Doch darauf hatte Zeus ja nur gewartet. Er sprang auf, stürzte flugs ins Meer und entführte Europe nach Kreta. Auf der Insel verliebten sich der Gott und die hübsche Königstochter ineinander, und neun Monate später wurde ihnen der erste Sohn geboren, den sie Minos nannten.

Wie konnte diese Sage entstehen? Vielleicht hatte einmal ein kretischer König eine phönikische Prinzessin mit Namen Europe geheiratet. Vielleicht hatte er sie sogar geraubt? Das wäre eine Schande für die Phöniker gewesen. Doch wenn man den Leuten sagt, nicht ein König, sondern ein Gott, ja der oberste Gott eines fremden Volkes war der Übeltäter, wäre das nicht eine gute Idee? Gegen Götter kann man doch nichts machen, oder?

Zeichnerische Rekonstruktion des großen Palastes von Knossos (siehe folgende Doppelseite). Jahrtausendelang waren die Ruinen des einst prachtvollen Gebäudes unter der Erde begraben. Seit seiner Entdeckung machen sich die Archäologen Gedanken darüber, wie der größte kretische Palast einmal ausgesehen haben mag. Vielleicht so wie auf unserem Bild? Das labyrinthartige Gebäude besaß mehrere Eingänge und war wohl bis 5 Stockwerke hoch.

Der oberste griechische Gott, Zeus, galt als ein großer Frauenheld und Verwandlungskünstler. Hier entführt er in Stiergestalt die phönikische Prinzessin Europe nach Kreta, wo ihm die Königstochter die drei Söhne Minos, Rhadamanthys und Sarpedon gebar. Minos wurde zum legendenumwobenen Herrscher der Insel.

Diese und andere griechische Sagen waren auch dem berühmten deutschen Kaufmann und Archäologen Heinrich Schliemann bekannt, der vor über hundert Jahren in Troja und Mykene grub. Er wollte beweisen, daß in den homerischen Epen viel Wahres zu finden sei. Wie gern hätte Schliemann am Ende seines Lebens noch den Palast des Königs Minos ausgegraben. Es war ja bekannt, wo man ihn suchen mußte: in Knossos, einem kleinen Ort, nicht weit von der Nordküste Kretas. Dort hatte bereits im Jahre 1878 ein Mann namens Minos Kalokairinos am Rande eines Hügels, ganz dicht unter der Erdoberfläche, große Vorratsgefäße aus sehr alter Zeit entdeckt. Sollte der Namensvetter des großen Herrschers schon an der richtigen Stelle gegraben haben?

Schliemann, ein vermögender Mann, wollte den Hügel seinen Eigentümern abkaufen. Er glaubte, in wenigen Tagen auf die Ruinen des Königspalastes zu stoßen. Doch es wurde nichts aus dem Kauf. Und als Schliemann am zweiten Weihnachtstag 1890 starb, wußte immer noch niemand, ob in Knossos tatsächlich einmal der Palast des Königs Minos stand.

Der Frühling hatte gerade begonnen, als im Jahre 1900 der Engländer Arthur Evans, den Kaufvertrag in der Tasche, mit zahlreichen Arbeitern auf den bewußten Hügel zuschritt. Sie waren mit Spaten, Schaufeln und Schubkarren ausgerüstet. Die Arbeit ging schnell voran. Schon waren die ersten Tonscherben, die ersten Steine, die ersten Mauern entdeckt. Bereits nach einer Woche fanden Arbeiter Tontafeln, auf denen irgendwelche rätselhaften Zeichen eingeritzt waren.

Evans eilte über das ganze Ausgrabungsgelände zu der bestimmten Stelle. Vorsichtig löste er eine Tontafel von dem zusammengeklebten Haufen, und kaum hatte er sie in seinen Händen, schrie er auf vor Freude. Einige Arbeiter amüsierten sich über ihren fünfzigjährigen Chef. Wie kann man sich nur über solche schmutzigen Tafeln so freuen? Ja, wenn man Gold- oder Silberschmuck gefunden hätte, dann wäre der Jubel verständlich.

Andere freuten sich mit Arthur Evans. Sie wußten, daß der Engländer vor allem nach Knossos gekommen war, um nach alten Schriften zu suchen. Denn einige Jahre zuvor hatte er in einer Zeitung behauptet: Die Menschen vom mykenischen Festland und der Insel Kreta, die bei Homer gegen die Trojaner kämpften, müssen eine Schrift besessen haben. Nun hatte Evans den Beweis vor seinen Augen. Welch großer Tag für ihn!

Sir Arthur Evans (8. 7. 1851–11. 7. 1941). Evans grub mit zahlreichen Helfern von 1900 bis 1936, mit einigen Unterbrechungen, in Knossos. Er legte dort nicht nur den großen Palast, sondern auch einen kleineren sowie u. a. eine königliche Villa und fürstliche Gräber frei. Außerdem bewies er als erster, daß die Minoer schriftkundig waren. Für seine großen Verdienste wurde Evans vom englischen Königshaus geadelt.

Zeichen der kretischen Hieroglyphenschrift (von insgesamt 135 Zeichen), die bis Mitte des 2. Jt. v. Chr. benutzt wurde.

Ja, welch großer Tag. Und es sollten weitere folgen. Woche für Woche, Monat für Monat, Jahr für Jahr entriß man dem Hügel ein Geheimnis nach dem anderen. Da lagen die Ruinen eines großen Palastes! Hier in Knossos! Was hatte der große Dichter doch gleich berichtet? Ihrer Könige Stadt ist Knossos, wo Minos geherrscht hat. Sollte Homer wieder einmal recht behalten? War er doch nicht nur der Dichter, der die Menschen schon jahrtausendelang mit wohlklingenden Versen erfreute, mit der Schilderung leidvoller Kriegsszenen erschütterte? Konnte und durfte man in seinen Werken auch manchmal wie in einem Geschichtsbuch lesen?
Gleichzeitig mit den Ausgrabungen in Knossos begannen italienische Archäologen im Süden der Insel zu graben. Sie entdeckten in Phaistos einen zweiten Palast und in unmittelbarer Nachbarschaft, in Hagia Triada, ein weiteres großes Gebäude. Nach dem ersten Weltkrieg legten Franzosen in Mallia an der Nordküste Kretas einen dritten Palast frei. Noch zwei Paläste kamen allmählich in den sechziger Jahren unseres Jahrhunderts im Osten und Westen der Insel zum Vorschein: Kato Zakro wurde von Griechen, Chania wird von Griechen und Schweden ausgegraben. Außerdem entdeckte man weitere Siedlungen, kleinere Gebäude und zahlreiche Gräber. Alle diese Plätze lieferten uns wertvolle Funde, so daß wir heute vieles über kretische Architektur und Kunst sowie kretisches Handwerk und einiges über die minoische Religion wissen.
Doch über damals in jenem Gebiet stattgefundene Ereignisse und lebende Personen sagen diese archäologischen Quellen kaum etwas aus. Dafür brauchten wir solche schriftlichen Nachrichten, wie wir sie von den Ägyptern und Babyloniern, von den Griechen und Römern haben. Diese besitzen wir für Kreta leider nicht, obwohl auch die Insel-

bewohner fleißig und zumeist auf Ton schrieben. Immerhin gab es im minoischen Kreta mindestens drei verschiedene Schriften, die von Arthur Evans kretische Hieroglyphenschrift, Linearschrift A und Linearschrift B benannt wurden. Aber die ersten beiden sind für uns noch nicht lesbar, so daß wir aus ihnen auch nichts erfahren können.

Anders verhält es sich mit Linear B. Diese Schrift wurde im Jahre 1952 von dem englischen Architekten Michael Ventris, dessen Hobby die alten Schriftzeichen waren, entziffert. Viele Tontafeln mit der Linearschrift B werden nun von Spezialisten in einem sehr altertümlichen Griechisch gelesen. Trotzdem erhalten wir keine Auskunft über stattgefundene Ereignisse oder über Beziehungen Kretas zu anderen Gebieten des Mittelmeeres. In den Texten stehen keine Namen von Königen, keine Regierungszeiten von Herrschern. Das ist das eine Übel. Zum anderen stammen die Linear-B-Tafeln erst aus jener Zeit, als die Mykener Knossos erobert hatten. So sagen uns auch die knossischen Texte mehr über die wirtschaftliche Organisation der Mykener, die in ihren Burgen auf dem griechischen Festland dieselbe Schrift benutzten, als über das Leben der Minoer.

Die Ausgrabungen auf Kreta gehen weiter. Jedes Jahr werden neue, interessante Funde gemacht. Diese bereichern das Wissen der Forscher und können zu neuen Erkenntnissen führen. Manchmal müssen sich dann auch Archäologen, Philologen und Historiker von alten Vorstellungen trennen. Das Wissen über eine frühe Gesellschaft ist nun einmal nicht so sicher wie die Kugelgestalt der Erde.

Keiner weiß heute genau, wie es auf Kreta um die Mitte des 2. Jahrtausends v. Chr. aussah, aber wir können uns mit Hilfe von archäologischen Funden und Sagen ein Bild davon machen. Das wollen wir jetzt tun.

Vorder- und Rückseite des Diskos von Phaistos (Durchmesser 16 cm, um 1600 v. Chr.) mit insgesamt 45 verschiedenen eingestempelten Zeichen. Es gibt zahlreiche Entzifferungsversuche.

Sogenannter Prinzenbecher aus Hagia Triada (schwarzer Steatit, oberer Durchmesser 9,9 cm, 1550/1500 v. Chr.). Auf dieser Seite des Bechers ist ein »Prinz« zu sehen, der einem »Offizier« einen Befehl erteilt.

Der Thron des Königs Minos

Die phönikische Prinzessin Europe heiratete, da sie den unsterblichen Zeus nicht ehelichen konnte, den kretischen König Asterios. Als dieser starb, machte der inzwischen herangewachsene Minos seine Herrschaftsansprüche geltend. Doch es war für ihn nicht so einfach, König von Knossos zu werden. Deshalb bat Minos seinen Onkel Poseidon, ihm zu helfen. Der Gott des Meeres sollte ihm nämlich zum Zeichen seiner eigenen göttlichen Abstammung aus seinen Herden einen prachtvollen Stier schicken. Poseidon erfüllte die Bitte seines Neffen. Nicht nur die Widersacher des Minos waren von dem Tier tief beeindruckt, sondern dieser selbst war es auch. Zwar hatte er seinem Onkel fest versprechen müssen, daß er ihm zu Ehren den Stier sofort opfern werde, aber Minos hielt sein Wort nicht. Er brachte es nicht fertig, das wunderbare Tier zu schlachten, und opferte dem Poseidon einen ganz gewöhnlichen Stier. Natürlich fühlte sich der Gott dadurch schmählich hintergangen und sann auf Rache. Er flößte Pasiphaë, der Gattin des Minos, ein unnatürliches Liebesverlangen nach dem göttlichen Tier ein. Der berühmte Baumeister Daidalos mußte daraufhin in aller Stille für die Königin eine hölzerne Kuh konstruieren. Darin verkroch sich Pasiphaë und zeugte mit dem Stier des Poseidon ein Ungeheuer – halb Mensch, halb Tier –, den Minotauros.

Als Minos mit Hilfe der Götter König von Knossos geworden war, beriet er sich von Zeit zu Zeit mit Zeus über eine gerechte Regierung im Lande. Daher galt er später als ein weiser König. Das Gespräch mit dem Gott fand in der Idäischen Höhle statt, dem heiligsten Ort Kretas. Hier hatte einst die Göttin Rhea ihr Kind, Zeus, vor seinem Vater Kronos versteckt. Dieser besaß nämlich die schreckliche Angewohnheit, alle seine Kinder zu verschlingen, damit er ewig der oberste Gott bleiben konnte. Man erzählt, daß Zeus, von der Ziege Amaltheia mit Milch und der Biene Melissa mit Honig genährt, kraftvoll heranwuchs und dann Kronos besiegte.

Später soll Minos seine Macht über die gesamte Insel ausgedehnt haben. Es heißt, daß er sich in vielen Jahren und harten Kämpfen gegen seine Brüder Rhadamanthys, den früheren König von Phaistos, und Sarpedon, ehemals König von Mallia, durchgesetzt hat. Beide mußten Kreta verlassen. Seitdem stand der König von Knossos, der sich hinfort immer Minos nannte, an der Spitze des Landes, und es herrschte Frieden auf der Insel.

So errichteten die Minoer im Verlaufe von Jahrzehnten und Jahrhunderten – ungestört von den Schrecken des Krieges – einen Palast nach dem anderen.

Trotz mancher Unterschiede, vor allem in der Größe und Ausstattung der Gebäude, hatten die kretischen Paläste viele Gemeinsamkeiten in ihrer Funktion und Architektur. In ihnen wohnte der jeweilige Palastherr, den wir auch König, Priesterkönig oder Fürst nennen könnten, mit seiner Frau, seinen Kindern, seinem Hofstaat und seinen Bediensteten.

Der Palast lag inmitten einer Stadt. Er war unbefestigt und wurde nur von einigen Wachen beschützt. Je größer, prächtiger der Palast nun war, um so stolzer wurden die Stadtbewohner auf ihren Herrn. Sie schauten ehrfürchtig auf seine Macht. Manch einer würde aber, wenn er die ganze Pracht jemals zu Gesicht bekommen hätte, gesagt haben: Könnte uns der Herr nicht ein wenig von seinem Reichtum abgeben?

Stark ergänztes Fresko des »Lilienprinzen« aus dem Südflügel des Palastes von Knossos (Höhe 2,10 m, um 1550 v. Chr.). Vielleicht stellt diese Figur einen Priesterkönig oder sogar König Minos dar?

16

In den Palästen gab es viele verborgene Räume, aber auch offene Plätze, wo die Hilfe der Götter erfleht und für ihre Unterstützung gedankt wurde. Tempel, wie wir sie beispielsweise aus dem alten Ägypten kennen, hatten die Minoer nicht. Arbeitsräume standen den Handwerkern, Schreibern und Künstlern zur Verfügung. Besonders typisch für jeden kretischen Palast waren aber seine zahlreichen Vorratsräume, die sogenannten Magazine.
Viele Jahre vergingen, bevor ein Palast fertiggebaut war. Meist bewohnte der Herrscher mit seinem Gefolge schon bestimmte Räume, während andere noch nicht vollendet waren. Manchmal stürzten ganze Gebäudeteile durch besonders starke Erdbeben, die die Insel Kreta noch heute in regelmäßigen Zeitabständen heimsuchen, wieder ein. Sie wurden neu und oft in veränderter Form aufgebaut. Die Angst vor dem Beben der Erde, das – so meinten die Minoer – ein zürnender Gott hervorrief, bestimmte die Bauweise der Paläste mit. Für die Grundmauern benutzte man große behauene Steinblöcke und als Füllung kleinere unbehauene Steine und Mörtel. Für die Wände der oberen Stockwerke wurden unzählige Lehmziegel gebraucht. Sie waren zuvor an der Luft getrocknet und damit auf natürlichem Wege gehärtet worden. Und man benötigte sehr viel Holz! Holz für Decken, Türen und Fensteröffnungen, für flache Dächer und zahllose Säulen. Vor allem aber diente das Holz für die senkrechten und waagerechten Zwischenbalken in den Wänden. So waren die Paläste eine Art großer Fachwerkbauten. Dadurch gewannen die Gebäude an Elastizität und stürzten nicht gleich bei jedem Erdbeben ein.
Licht und Luft erhielten die einzelnen Räume durch Tür- und Fensteröffnungen. Die Türen waren oft mehrflüglig. Je nach Bedarf, je nach Jahres- und Tageszeit öffneten die

Lageplan des großen Palastes von Knossos (siehe S. 16): 1 Königliche Straße, 2 »Theaterbezirk«, 3 Westhof, 4 Eingänge, 5 Westmagazine, 6 Prozessionskorridor, 7 Treppe zum ersten Stockwerk des Westflügels, 8 Thronraum, 9 Vorraum, 10 Kultbezirk, 11 Pfeilerhalle, 12 Zentralhof, 13 Große Treppe des Ostflügels, 14 Toilettenraum, 15 Südostbad (darunter, Mitte), 16 Magazine der Riesenpithoi, 17 Werkstatt der Steinschneider (links daneben), 18 Töpferwerkstatt, 19 »Halle der Doppeläxte« (Königshalle), 20 »Megaron der Königin«

minoische Säule (typisch: sich von oben nach unten verjüngend)

minoischer Steinleuchter

Diener ein, zwei, drei oder vier Flügel. Fenster gab es in den Außenwänden der Paläste nur in den oberen Stockwerken, zumeist wurden sie jedoch in den zahlreichen Lichthöfen und in den dem Zentralhof zugewandten Seiten angebracht. Es waren meist nur Öffnungen, denn Kreta ist ein warmes Land. An kühlen Tagen konnten sie beispielsweise mit Fellen zugehängt werden. Dadurch blieb es in den Räumen zwar warm, aber das natürliche Licht fehlte. Die Minoer behalfen sich, indem sie Leder so stark bearbeiteten, daß es sehr, sehr dünn, pergamentartig und damit ziemlich durchsichtig wurde. Dieses »Fensterglas« konnte dann die Öffnungen ausfüllen. Räume und Korridore ohne Zugang zum Tageslicht mußten künstlich durch Fackeln oder durch kleine tragbare Öllampen aus Ton, die auf dafür vorgesehene Sockel gestellt wurden, beleuchtet werden. In gleicher Weise verfuhr man natürlich bei Nacht.
Bevor ein Palast gebaut werden sollte, machten die Baumeister Pläne. Die Könige ließen ihnen dabei freie Hand, stellten jedoch zwei Bedingungen: Jeder Palast mußte erstens einen Zentralhof und einen Westhof haben und zweitens sich in einer Nord-Süd-Richtung erstrecken.
So entstanden in jahrelanger fleißiger Arbeit der Menschen, die nur über Werkzeuge aus Stein und Bronze verfügten, die großen Paläste. Der größte gehörte dem Minos!

Knossos – Stätte des Labyrinths?

In seiner Blütezeit, also im 16. und 15. Jahrhundert v. Chr., hatte der Palast von Knossos eine Ausdehnung von 180 Meter mal 120 Meter – eine Gesamtfläche von über 20000 Quadratmeter. Welch großes Gebäude! Tausend

Räume soll es besessen haben. Die Sage berichtet, daß der geschickte Baumeister Daidalos diesen Palast mit einem Wirrwarr von Gängen für König Minos schaffen mußte. In jenem Labyrinth sollte auch der menschenfressende Minotauros im tiefsten Kerker hausen und niemals den Weg in die Freiheit finden.

Der Palast stand auf einem kleinen Hügel. Seine Westseite, wo die Magazine, Schatzkammern, Staatsgemächer und die kultischen Räume untergebracht waren, hatte drei Stockwerke. Im Ostflügel lagen die zahlreichen Wohnräume für die königliche Familie, den Hofstaat und die Gäste. Dieser Teil des Palastes wurde terrassenförmig den Hügel hinunter gebaut. Dadurch gelang dem Baumeister eine wunderbare Einheit von Architektur und Natur, und die Räumlichkeiten empfingen erfrischende Kühle in den heißen Sommermonaten. Die Decken des zweiten Stockwerkes erreichten das Niveau des Zentralhofes. Um mit der Gesamthöhe des Westflügels gleichzuziehen, mußte der Ostteil fünf Geschosse haben.

König Minos wird sicher oft Gäste in seinem großen Palast empfangen haben. Die Palastherren aus Chania, Phaistos, Mallia und Kato Zakro hatten die Möglichkeit, mit ihrem Gefolge durch verschiedene Eingänge in das Innere des Gebäudes zu gelangen. Wer aus dem Westteil der Insel kam, betrat natürlich zuerst den Westhof des Palastes und konnte sich dann dem Westeingang zuwenden. Hier begrüßte ein Berater des Minos respektvoll die Besucher. Er führte sie durch einen langen, zum Zentralhof führenden Korridor, dessen Wände reich bemalt waren. Fackeln erhellten den Weg. Die Gäste wurden durch die Schönheit der Wandmalereien tief beeindruckt. Sie bekamen das Gefühl, eine von den festlich gekleideten Figuren zu sein, die – in zwei

Reich verzierter Krater (Gefäß zum Mischen von Wein mit Wasser) aus dem Alten Palast von Phaistos, mit plastischem Blütenschmuck (Kamares-Stil, Höhe 45,5 cm, um 1800 v. Chr.). Am oberen Rand dieses Tongefäßes waren Ketten angebracht, an denen wohl einst Schöpflöffel hingen.

Reihen übereinander gezeichnet –, mit Geschenken, Kultgeräten und Musikinstrumenten in den Händen, auf eine Göttin zuschritten. Auf dem Weg zu Minos empfanden sie hier bereits die Größe des Königs.

Schien das Licht der Fackeln hell genug, konnte jeder deutlich den verschiedenfarbigen Fußboden sehen: In der Mitte lagen weiße Gipssteinplatten, rechts und links davon grüne Schieferplatten, deren Zwischenräume mit rotem Mörtel ausgefüllt waren. Am Ende des Korridors wurde es immer heller. Der Ausgang zum Zentralhof war erreicht. Bevor die Besucher vor dem Thron des Königs Minos erscheinen mußten, wurden sie wahrscheinlich erst einmal in ihre Gastgemächer geführt.

Die Palastherren aus dem Ostteil der Insel begaben sich über eine gepflasterte königliche Straße zum Nordosteingang des Palastes. Der Weg zum Zentralhof führte hier durch eine prächtige Pfeilerhalle mit anschließenden Säulenvestibülen. An deren Wände waren kraftvolle Stiere gemalt worden.

Traf der Palastherr aus Phaistos ein, so benutzte er stets den Südwesteingang des Palastes. Ein Bediensteter mußte Minos rechtzeitig dessen Ankunft melden. Daraufhin ging der König von Knossos, umgeben von Priesterinnen und Priestern, Beamten und seiner Leibwache, dem zweitmächtigsten Herrscher des Landes entgegen. Kurz vor dem oberen Ende des Stufenportikus bot sich dem Gefolge ein weiter Ausblick auf die Straße nach Phaistos. Von hier aus konnte man das Eintreffen des schon in die Jahre gekommenen Königs jenes Ortes beobachten.

Dieser hatte bereits mit seinen Begleitern die Brücke betreten, die über ein Flüßchen zum Palast führte. Würdevoll nahm er Stufe um Stufe des überdachten und von rot-

Zeichnerische Rekonstruktion des Stufenportikus (siehe S. 21). – Kamen die Besucher aus dem Süden der Insel, stiegen sie nach dem Überqueren der Straßenbrücke, die über ein Flüßchen führte, die Stufen empor und gelangten so zum Südwesteingang des großen Palastes von Knossos. Nicht weit von der Brücke entfernt lag ein kleines »Gasthaus«, die sog. Karawanserei.

schwarzen oder rot-blauen Säulen umgebenen Portikus. Ging er doch durch den schönsten Eingang des knossischen Palastes. Am Ende des 80 Meter langen Weges kam Minos seinem Gast auf den letzten Stufen entgegen. Beide verneigten sich voreinander. Der eine vor dem Alter, der andere vor der größeren Macht. Nach einem kurzen Gespräch führte man den Palastherrn von Phaistos durch labyrinthartige Gänge und große Treppenhäuser in seine Gemächer. Dort nahm er vielleicht ein Bad in jener tönernen Wanne, die Künstler im Inneren mit Delphindarstellungen ausgeschmückt hatten. Durch ein perfektes Röhrensystem wurde der Palast von Knossos ausreichend mit frischem Quellwasser beliefert. Eine Kanalisation sorgte für den Abtransport von Regen- und gebrauchtem Wasser in den östlich des Hügels vorbeifließenden Fluß Kairatos.

Ein Blick in die anderen Paläste

Von den anderen Palästen wissen wir nicht so viele Einzelheiten wie über den aus Knossos. Mit einer Fläche von jeweils rund 9000 Quadratmeter waren die Gebäude aus Phaistos und Mallia noch nicht einmal halb so groß wie dieser. Noch kleiner hatte man den Palast von Kato Zakro gebaut. Wenig läßt sich über das Bauwerk in Chania sagen, da seine Ruinen unter modernen Wohnhäusern liegen.
Im Gegensatz zu Knossos befanden sich in Phaistos die repräsentativen Wohngemächer im Nordwestteil des Palastes. Von hier aus richtete sich der Blick auf eine prachtvolle Landschaft bis zum Ida-Massiv, dem höchsten Gebirgszug der Insel. Unweit vom Palast, durch eine gepflasterte Straße miteinander verbunden, stand in unmittelbarer

Zeichnerische Rekonstruktion des Palastes von Phaistos. Dieser Palast, der zweitgrößte auf Kreta, war noch nicht einmal halb so groß wie der von Knossos. Er verfügte aber genau wie sein nördliches Vorbild über einen großen Zentralhof, zahlreiche Magazine sowie über große Räume zum Wohnen und Repräsentieren.

Küstennähe die Villa von Hagia Triada. War hier der Hafenort oder die Sommerresidenz der Herrscher aus Phaistos?
Gleichwohl in welchem der vielen Zimmer man sich aufhielt, überall genoß man eine herrliche Aussicht: auf die schneebedeckten Gipfel des Ida-Gebirges, die schäumenden Fluten auf dem tiefblauen Meer oder die saftigen Fluren der weiten Messara-Ebene. Wer versteht angesichts der Naturschönheiten der Insel nicht die Lebensfreude der Minoer und ihren Wunsch, sich auch im Inneren ihrer Häuser mit landschaftlichen Darstellungen an den Wänden zu umgeben?
Freien Blick zum Meer boten gleichfalls die Paläste von Mallia und Kato Zakro ihren Bewohnern. Obwohl das Bauwerk von Mallia im Vergleich zu Knossos und Phaistos recht

Der Thronraum des großen Palastes von Knossos (siehe folgende Doppelseite). Hat sich das Leben hier vor 3500 Jahren wirklich so abgespielt? Es ist nicht völlig sicher, ob ein König oder eine Priesterin auf dem ältesten Thron Europas gesessen hat. Manche Forscher meinen, daß er nur das Kultbild einer Göttin bzw. eines Gottes aufnahm oder nur für eine unsichtbare Gottheit bestimmt war. Dieser Thronraum soll erst ab 1450 v. Chr. Mittelpunkt des Palastes gewesen sein.

Der Zentralhof des Palastes von Mallia in der zeichnerischen Rekonstruktion. Auch von diesem minoischen Palast blieben nur Ruinen erhalten.

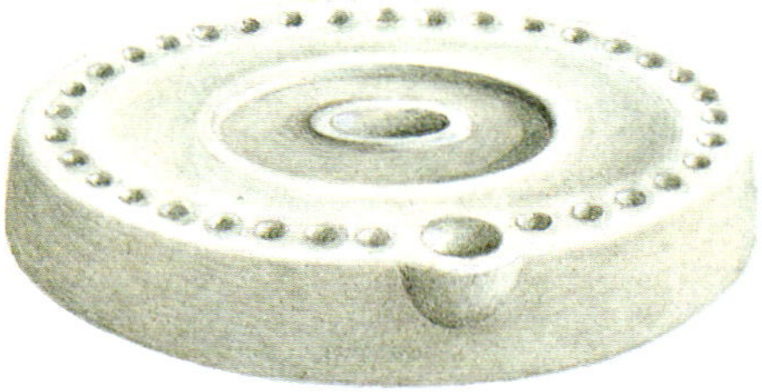

Kernos aus dem Palast von Mallia.

bescheiden wirkt, hat es doch drei Besonderheiten aufzuweisen: In der äußersten Südwestecke des Palastes befinden sich acht breite, tief in die Erde ausgemauerte Löcher, die als zusätzliche Kornspeicher dienten. An der großen Treppe im Südwesten des Zentralhofes steht auf einer kleinen Erhöhung ein großer runder Stein. An seinem Rand sind ringsherum 34 kleine Löcher und in seiner Mitte ein großes Loch angebracht. Handelt es sich um einen Kernos, ein Opfergefäß, das die ersten Früchte jedes Jahres aufnahm? Oder diente der Stein für ein uns unbekanntes Spiel? Und schließlich: Inmitten des Zentralhofes stand ein Altartisch. Auch das ist für kretische Paläste recht ungewöhnlich.
Ob bald es gelingen wird, einen womöglich noch tief in der Erde verborgenen weiteren Palast zu entdecken?

Getreide für Kupfer

Der sagenhafte König Minos soll zusammen mit seiner Gemahlin Pasiphaë vier Söhne und vier Töchter gehabt haben. Ein Sohn hieß Glaukos. Als Kind war er einmal so in sein Spielen vertieft, daß er rings um sich her alles vergaß. Durch diese Unachtsamkeit fiel er schließlich in ein großes Vorratsgefäß, das bis zum Rand mit süßem Honig gefüllt war. Glaukos erstickte und blieb verschollen. Sein Vater ließ ihn suchen und versprach demjenigen, der ihn findet, stattliche Geschenke. Viele machten sich auf die Suche – jedoch erfolglos.
Da erzählte jemand dem Minos, er hätte in seinen Herden eine Kuh, die während des Tages ihre Farbe wechsele. Zuerst sei sie weiß, dann rot und schließlich schwarz. Derjenige nun, der am besten diese Kuh beschreiben könnte, würde Glaukos finden und ihn seinem Vater lebend zurückbringen. Der Seher Polyidos verglich das Wundertier mit einer reifenden Brombeere. Auch diese ist ja zuerst weiß, dann rot und zuletzt schwarz. Damit hatte Polyidos die Aufgabe gelöst, und er fand mit Hilfe der Götter den Glaukos.
Doch jener war tot. Nun verlangte Minos, daß Polyidos ihn zum Leben erwecken solle. Das konnte er natürlich nicht, und so ließ der König jenen zusammen mit der Leiche in einen Keller einsperren. Hier nun begab sich ein zweites Wunder. Eine Schlange näherte sich dem toten Körper des Glaukos. Daraufhin erschlug sie der Seher. Doch wie mußte er staunen, als bald eine zweite Schlange erschien, um nach ihrer Gefährtin Ausschau zu halten. Als sie diese leblos liegen sah, verschwand sie, kehrte jedoch nach wenigen Augenblicken mit einer Pflanze im Maul zurück. Die Schlange berührte mit dem Kraut ihre tote Gefährtin und

Übermannsgroßer Riesenpithos aus dem Palast von Mallia. Die Henkel und schnurartigen Verzierungen weisen darauf hin, wie solche Tongefäße transportiert werden konnten, was aber selten geschah.

erweckte sie damit wieder zum Leben. Beide Schlangen eilten davon, ließen aber die Wunderpflanze zurück. Wer hätte nun nicht ausprobiert, ob diese auch am menschlichen Körper wirksam sei? Polyidos tat es – und hatte Erfolg.
Glaukos nahm sich hinfort beim Spielen in acht, um nicht wieder in ein großes Vorratsgefäß zu fallen.

Schnabelkanne aus Phaistos, mit Pflanzenverzierung (»Florastil«, Höhe 29 cm, 1550/1520 v. Chr.). Auch die Verzierungen unterliegen dem jeweiligen Zeitgeschmack. Das ist eine Datierungshilfe von Funden.

Räume voller »Fässer«

Im Palast von Knossos standen Hunderte solcher tönernen Vorratsfässer, Pithoi genannt. Sie waren nicht selten so groß wie ein Mensch oder sogar noch größer. Jene gehörten auch in einer Vielzahl zur Ausstattung der anderen Paläste, und kleinere Mengen davon gab es in den sogenannten Herrenhäusern, Villen, Landsitzen und Privathäusern. Meist wurden die Pithoi in gesonderten Räumen, den Magazinen, untergebracht. Diese lagen vorwiegend im Westflügel der Paläste.
Es bedurfte großer Meisterschaft und langer Berufserfahrung, um solche riesigen Vorratsgefäße tadellos herzustellen. Spezialisten wanderten von Ort zu Ort, um ihre Dienste anzubieten. Zwar arbeiteten in den Palästen hervorragende Töpfer, doch diese formten auf der Töpferscheibe nur kleinere Gefäße, die anschließend bemalt und in den Brennöfen gebrannt wurden. Das Herstellen eines Riesenpithos erforderte eine andere Technik.
Zuerst einmal war es nötig, den dafür geeigneten Ton zu finden. Also machte sich der Meister mit seinen Gehilfen auf die Suche. Vielleicht konnten die Spezialisten manchmal auf den Tonvorrat in den Palastwerkstätten zurückgreifen. Ansonsten fanden sie ihr Material hauptsächlich in unmittel-

Blick in eines der Westmagazine des Palastes von Knossos (mit Pithoi und Vorratsgruben). – Wissenschaftler haben geschätzt, daß die zahlreichen Pithoi zusammen mit den vielen Vorratsgruben insgesamt ein Fassungsvermögen von über 100 000 Litern hatten! Eine solche Menge war für den Bedarf der Palastbewohner viel zu groß. Demnach waren die kretischen Paläste nicht nur politische und kultische, sondern auch wirtschaftliche Zentren.

Rhyton aus Kato Zakro, mit Seestern- und Purpurschnecken-Verzierung (»Meeresstil«, Höhe 33 cm, um 1500 v. Chr.). Dieses und weitere 16 Opfergefäße wurden in einem Haus gefunden. Waren sie für den Export bestimmt?

barer Nachbarschaft zu jenen Orten, wo sie ihre Arbeit verrichten wollten. So hatten Tier und Mensch die schweren Säcke oder Körbe nicht weit zu schleppen. Zur Herstellung eines Riesenpithos brauchte man nämlich eine gewaltige Menge, mehr als 200 Kilogramm.
Bevor die Tonerde verarbeitet werden konnte, mußte sie von Steinchen, Zweigstücken oder anderen Verunreinigungen befreit sein. Dann lagerte man sie längere Zeit im Kühlen, damit sie geschmeidiger wurde. Es dauerte einige Zeit, bis der Ton so gut war, wie der Meister ihn haben wollte. Die Gehilfen kneteten ihn dann mit flinken Händen.
Sollte ein Pithos für den Palast von Knossos angefertigt werden, wurde in einer Ecke des Westhofes mit Ziegelsteinen ein kleiner Rost errichtet. Darauf setzten die Gehilfen den zuvor auf der Töpferscheibe gedrehten unteren Teil des Gefäßes, dessen Wände fingerdünn und erst handgroß waren. Dann begann die eigentliche Arbeit. Tagelang baute der Meister mit seinen Helfern einen Tonring über den anderen. Immer mußten sie darauf achten, daß das Material weder zu naß noch zu trocken war. In bestimmten Abständen brachten sie Verzierungen und Henkel an. Bald kam der Tag, an dem sie auf große Steine steigen mußten, um den oberen Teil des riesigen Vorratsgefäßes fertigzustellen.
Da stand nun der Koloß und trocknete vorerst in der Sonne. Anschließend wurde der Pithos mit ungebrannten Lehmziegeln umbaut und oben mit einer feuerdurchlässigen Decke aus Ziegeln und großen Gefäßscherben abgedeckt. damit er nach dem Brennen nicht zu schnell abkühlte und dadurch Risse bekam. In der Lehmziegelwand hatten die Töpfer hin und wieder einen Stein weggelassen. Durch diese Öffnungen schoben sie die Holzscheite, die das entfachte Feuer gierig verzehrte. Der Meister wußte genau, daß er die

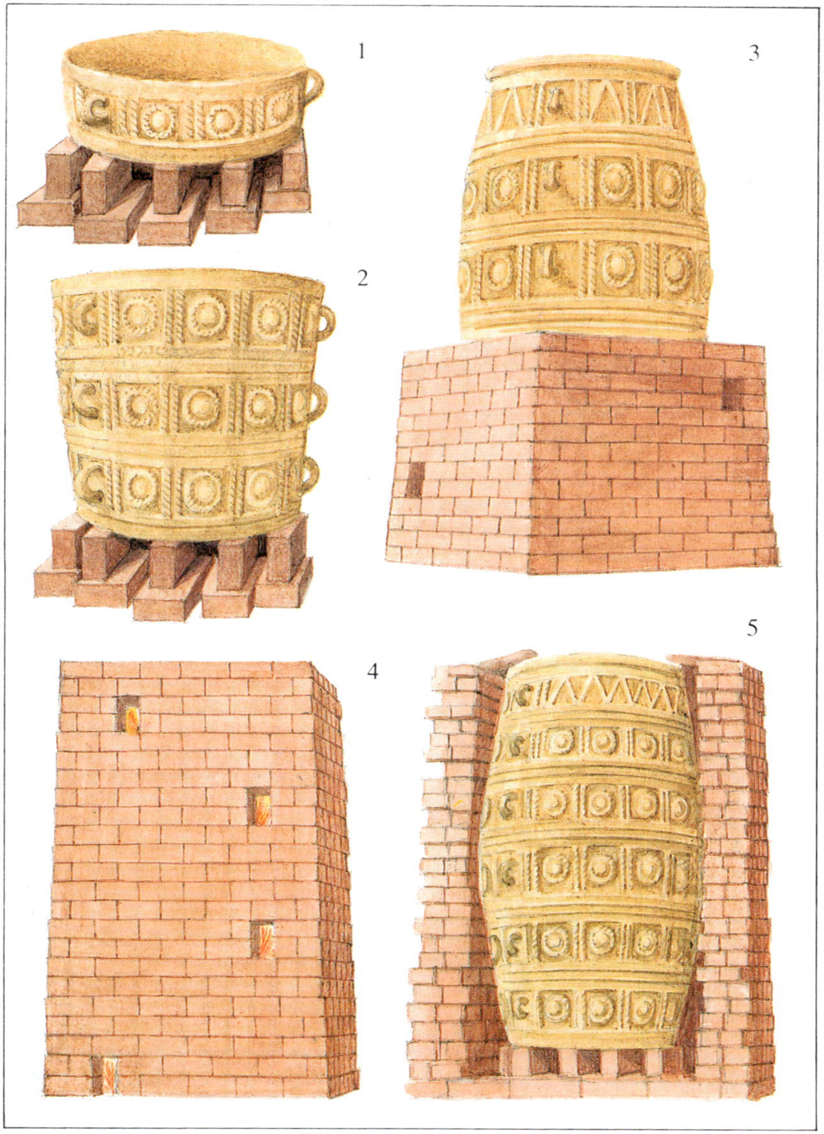

Arbeitsvorgänge beim Aufwülsten und Brennen eines Riesenpithos:
1 Das Bodenteil steht auf einem aus Ziegelsteinen gebildeten Rost; 2 der halbfertige Pithos (ca. 90 cm hoch, rund 100 kg);
3 das fertige Vorratsgefäß wird mit Lehmziegeln ummantelt; 4 der provisorische Brennofen ist fertig (das Brennmaterial wurde zuvor durch Löcher in der Mauer geschoben und entzündet), der Pithos wird gebrannt; 5 der Pithos ist fertig gebrannt, die Ziegelmauer wird abgetragen.

Hitzezufuhr nur allmählich steigern konnte, damit das Gefäß keinen Schaden nahm. Hatte das Feuer die nötige Temperatur, etwa 1000 °C, erreicht, wurden die Öffnungen mit den fehlenden Lehmziegeln nach und nach geschlossen.
Am nächsten Tag riß man den provisorischen Ofen ab. Der Brand war gelungen. Die Gehilfen zogen durch die Henkel des Pithos einen langen Strick und trugen das schwere »Faß« in einen Raum der Westmagazine. Dort fand es neben anderen Vorratsgefäßen seinen Platz. Vielleicht war jener Pithos dazu bestimmt, mit süßem Honig gefüllt zu werden.

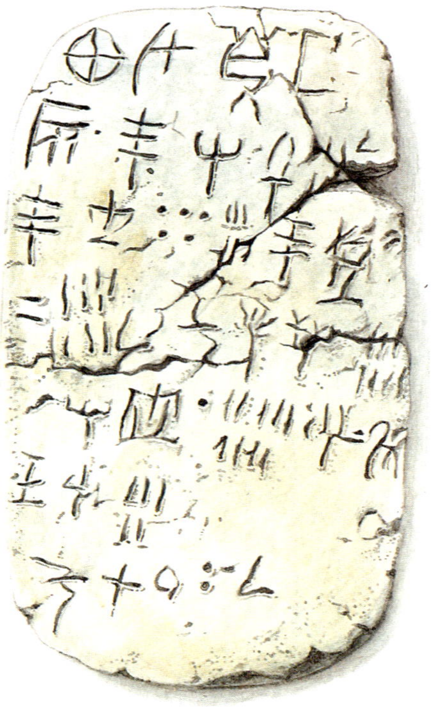

Linear-A-Tafel aus Hagia Triada, mit Bild-, Silben- und Zahlzeichen (Höhe 8,3 cm, Anfang 15. Jh. v. Chr.). – Linear A ist aus 30 Orten Kretas und außerhalb der Insel bekannt. Die Kreter benutzten diese Schriftart vom 21. bis 15. Jh. v. Chr. Die meisten Forscher meinen, daß sich hinter ihren Zeichen die »minoische Sprache« verbirgt.

Kretische Palastwirtschaft

In den meisten Pithoi lagerten jedoch vollmundiger Wein, feinstes Olivenöl und Getreide. Hätten die Palastbewohner täglich davon große Mengen genossen, es wäre kaum ins Gewicht gefallen. Aber für sie waren die Vorräte in den Westmagazinen auch gar nicht bestimmt. Sie hatten mehr als genügend feine Sachen in gesonderten Lagerräumen. Der Palastherr brauchte die Vorräte aus den großen Magazinen für den Handel – für den Austausch von Produkten innerhalb Kretas, für Geschäfte mit fernen Ländern.
Der Wein und das Öl von der Insel des Minos waren weithin berühmt. Zu schätzen wußte man auch die herrlichen Keramikgefäße, die von den kretischen Meistern mit Motiven aus der Tier- und Pflanzenwelt bemalt wurden. Solche Dinge warteten in den Magazinen ebenfalls auf den Versand. Da Kreta damals noch mit dichten Wäldern bewachsen war, konnte die Insel auch Holz exportieren. Holz erfreute sich dort großer Beliebtheit, wo man – wie in Ägypten – wenig von dem Rohstoff hatte.

So gaben die Leute aus dem Land des Pharao für Wein und Öl, für Handwerksprodukte und Holz gern von ihrem Gold und Elfenbein ab. Letzteres importierten die minoischen Palastherren auch aus Syrien. Beides brauchte man zur Herstellung von Schmuck, kostbaren Gefäßen, Siegeln und Siegelringen, also zur Befriedigung der Luxusbedürfnisse der reicheren Schichten. Dagegen war der ständige Import von Kupfer und Zinn für das mit diesen Rohstoffen nicht gesegnete Kreta unbedingt notwendig. Entsprachen doch in der Bronzezeit nur Werkzeuge und Waffen aus einer Legierung beider Metalle dem neuesten Stand der Technik. Kupfer schickten im Austausch die Fürsten aus Zypern. Auf jener Insel soll es davon so viel gegeben haben, daß man sie ganz einfach die Kupferinsel nannte.
Viel längere und gefahrvollere Wege mußten im Auftrag der Palastherren die minoischen Händler und Seeleute auf der Suche nach dem Zinn zurücklegen. Haben sie es aus den Ländern des Euphrat und Tigris geholt oder aus jenen, die bei den Säulen des Herakles lagen? Die Antwort auf diese Frage bleibt vorerst ein Geheimnis der Minoer!
Nicht nur der Handel mit fernen Ländern lag in den Händen der Palastherren, auch der Austausch innerhalb Kretas wurde von ihnen weitestgehend kontrolliert.
Wahrscheinlich wurden mitunter Bauern von ihren Dörfern zum Palast geschickt, um dort um Getriede zu bitten. Sei es, daß zuwenig Vorräte angelegt worden waren oder manche Dorfbewohner nicht gut damit haushalten konnten, man hatte jedenfalls kaum noch Körner übrig. Und die nächste Ernte war so bald nicht. In den Magazinen der Paläste aber gab es immer Getreide in Hülle und Fülle. Freilich mußte die geborgte Menge zurückgebracht werden. Und sicher haben auch die Minoer dafür einen Zins entrichtet.

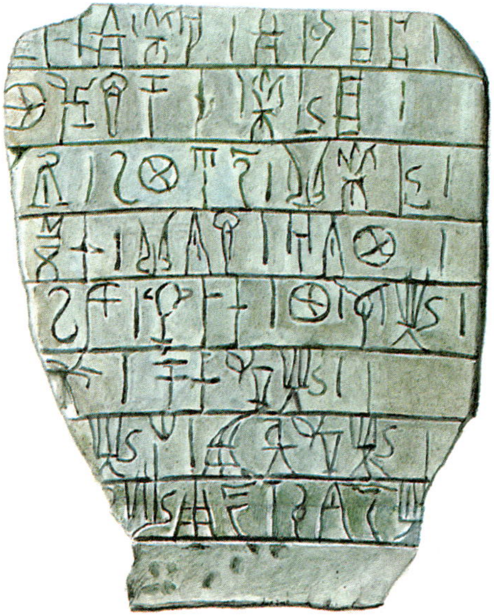

Linear-B-Tafel aus Knossos, mit Silben- und Zahlzeichen (Höhe 15 cm, Ende 15. Jh. v. Chr. oder später). – Linear B mit ihren rund 90 Silbenzeichen wurde auf Kreta und dem mykenischen Festland vom 15. bis 13. Jh. v. Chr. verwendet. Obwohl diese Schrift bereits 1952 entziffert worden ist, verraten jedoch bis heute sehr viele Tontafeln noch nicht ihre Geheimnisse. Auf dieser Tafel stehen nur Eigennamen.

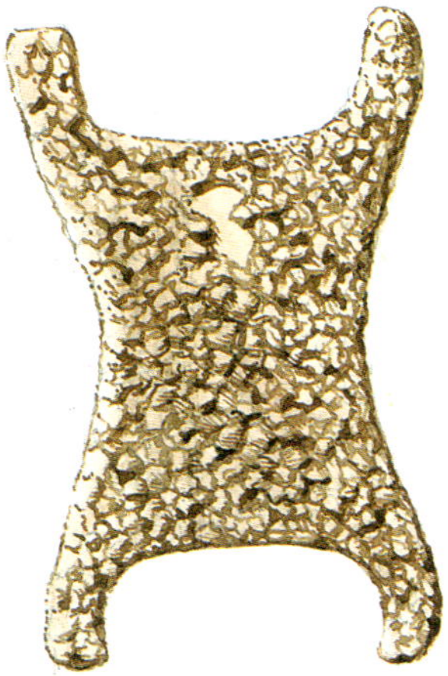

Kupferbarren in Form einer aufgespannten Rinderhaut. – In dieser Gestalt wurde das Metall im Mittelmeergebiet im 2. Jt. v. Chr. gehandelt. In den Magazinen von Hagia Triada fand man 19 derartige Barren. Sie haben ein durchschnittliches Gewicht von 30 kg und bestehen zum Teil schon aus einer Kupfer-Zinn-Legierung (Bronze).

Siehe S. 35: Zwei Bronzedolche aus Kammergräbern von Zapher Papoura (nördlich von Knossos). Länge der Dolche 23 cm (links) und 42 cm (rechts), 15. Jh. v. Chr. bzw. später

In der Regel kamen die Dorfbewohner jedoch, um den entsprechenden Betrag an Schafwolle abzuliefern, den der Palastherr jährlich forderte. Daran war nichts Besonderes. Mußten doch schon die Väter, Großväter und Urgroßväter jener Bauern und Hirten dem Palast von dem abgeben, was sie durch Bodenbau und Viehzucht hervorbrachten. Dafür erhielten die Landbewohner noch nicht einmal ein Dankeschön. Warum auch? Die Götter ließen wachsen und gedeihen; sie gaben jenem Macht, diesem Fleiß, dem anderen Geschick und jenem wiederum Weisheit. Wenn sie bei guter Laune waren, verteilten sie die Gaben sehr sinnvoll. Sie paarten Macht mit Weisheit – wie bei Minos, oder Fleiß und Geschick – wie bei vielen minoischen Handwerksmeistern. Also hatten die Bauern und Hirten keinen Grund zur Klage, und sie fügten sich dem Willen ihrer Herren.
Und so versammelte sich regelmäßig am Eingang zu den Westmagazinen des Palastes von Knossos eine kleine Menschenmenge. Esel und zweirädrige Karren standen dabei, beladen mit Säcken und Körben voller Schafwolle. Beamte kamen heraus und gaben den Schreibern Zeichen, daß sie mit der Arbeit beginnen sollten. Sie setzten sich und nahmen jeder eine von den noch feuchten Tontafeln zur Hand. Dann traten die Männer nach und nach vor. Die Schreiber notierten den Namen des Hirten, den Ort, aus dem er kam, den Besitzer der Herde und die Anzahl der zu ihr gehörenden Schafe.
Das alles dauerte ziemlich lange, denn auch ein geübter Schreiber brauchte einige Zeit, die komplizierten Schriftzeichen in den Ton zu kratzen. Ja, auf Papyrus mit Tinte zu schreiben, das ging wesentlich schneller! Aber Papyrus war selten und daher sehr kostbar. Für solche Aufzeichnungen mußte Ton genügen.

Während die Schreiber notierten, wogen Diener des Palastes die Schafwolle mit Hilfe von großen und kleinen Gewichtssteinen. Das Ergebnis wurde genau festgehalten.
Ein Beamter verglich die Zahl mit jener auf einer anderen Tontafel, die er vorher aus dem Archiv geholt hatte. Hier stand es ganz deutlich. Dieser Hirt hätte doppelt soviel Schafwolle bringen müssen! Wo war die andere Hälfte? Der Hirt bat darum, die fehlende Menge im nächsten Jahr mitbringen zu dürfen. Ihm seien an einer rätselhaften Krankheit viele Schafe gestorben. Der Schreiber notierte den Fehlbetrag. Nichts wurde vergessen.
Andere Hirten und Bauern brachten aus ihren Dörfern viel mehr Wolle sowie Getreide mit, als sie abliefern mußten. Sie waren von ihren Dorfgemeinden ausgesandt worden, um für die jeweiligen Überschüsse, für Getreide und Wolle, Kupfer und Zinn einzutauschen. Diener brachten die landwirtschaftlichen Produkte in die Lagerräume und holten dafür große Kupferbarren sowie viel kleinere aus Zinn aus den Magazinen. Die Bronzehandwerker in den Dörfern hatten nun wieder reichlich Arbeit und deren Bewohner bald neue Hacken und scharfe Sicheln und Messer.
So tauschten also in einer Zeit, als man noch kein Geld kannte, die Bauern und Hirten ihre Produkte gegen Dinge ein, die sie selbst nicht hatten: vor allem gegen Rohmetall oder bereits fertige Bronzewerkzeuge. Umgekehrt besorgten sich freie, nicht palastabhängige Handwerker für ihre Erzeugnisse Nahrungsmittel.
Die Paläste übernahmen die Funktion von Tauschzentralen, die in anderen Ländern und Zeiten Tempel, in erster Linie aber die Märkte in den Städten innehatten. Doch Städte mit Märkten dürfte es im minoischen Kreta gleichfalls gegeben haben.

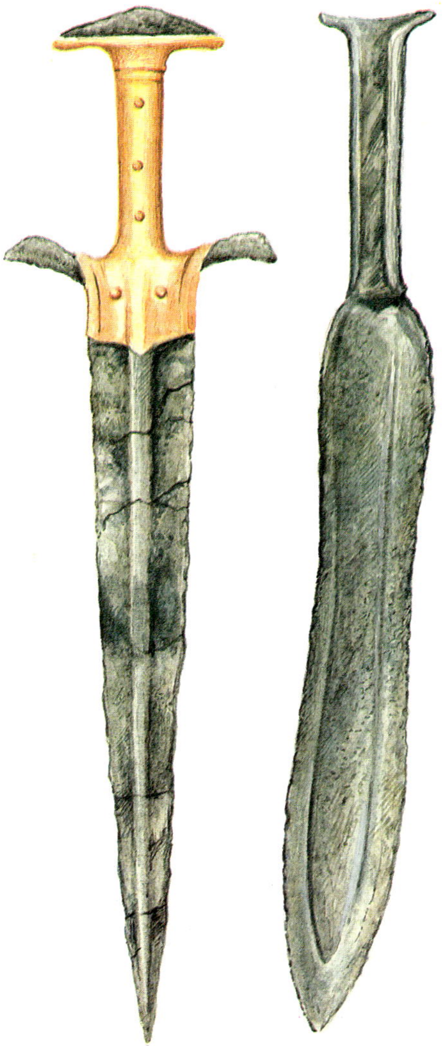

Fayence-Plättchen aus Knossos, mit Darstellung von Häuserfassaden (Höhe 3 bis 5 cm, um 1700 v. Chr.). Diese Plättchen waren vielleicht als Verzierung an einer Holztruhe angebracht. – Dreigeschossige Häuser bildeten die Ausnahme, sie standen sicher nur in großen Orten. Die oberen Stockwerke waren über Holztreppen zu erreichen. Die am besten erhaltenen minoischen Wohnhäuser wurden auf der Vulkaninsel Thera entdeckt.

Städte und Dörfer

Homer spricht von 90 Städten, die es zur Zeit des Trojanischen Krieges (um 1200 v. Chr.) auf der Insel des Minos gegeben haben soll. Sicher hat der Dichter hier übertrieben. Freilich bezeichneten die Menschen in früheren Jahrtausenden bereits Orte als Städte, die nach unseren heutigen Maßstäben viel zu klein dafür wären. Archäologen legten bisher nur eine einzige minoische Stadt vollständig frei: Gournia. Diese soll etwa 5000 Einwohner gezählt haben. Weitaus größer schätzte Arthur Evans die Zahl der Bewohner von Knossos. Seiner Meinung nach wohnten dort Mitte des 2. Jahrtausends v. Chr. rund 100000 Menschen. Wie aber haben die Leute in den minoischen Städten gelebt? Welche Arbeit ernährte sie?

In den Gassen der Handwerker

Wahrscheinlich gab es auf Kreta drei Arten von Städten: Städte, die allmählich um einen großen Palast herum wuchsen, Städte an den Küsten der Insel, die als Hafen- und Umschlagplätze dienten, und schließlich Landstädtchen, die weitab von den großen Palästen lagen und denen nur ein Gouverneur vorstand. Natürlich war es für die Bewohner nicht völlig egal, in welchen von diesen Orten sie lebten.
In Gournia hatten über 70 kleine Häuser gestanden. Sie waren ein- oder zweigeschossig. Auf den Grundmauern erhoben sich die Lehmziegelwände. Ein flaches Dach schützte vor Nässe und Kälte. Hier oben konnte man aber auch in den heißen Sommermonaten erquickenden Schlaf finden. Legten sich dabei die Hausbewohner nur auf Dek-

ken? Oder trugen sie gar ihre mit Fell bespannten Holzliegen über eine außerhalb des Hauses auf das Dach führende Holztreppe?
Die Häuser standen dicht gedrängt. Mit Feldsteinen gepflasterte Gassen verbanden einzelne Wohnviertel. Ging es hügelan, waren hier und dort zur Bequemlichkeit Treppenstufen eingebaut worden. Für die Sauberkeit in den Straßen sorgte nicht selten eine Kanalisation. Eßbare liegengebliebene Abfälle verzehrten die Hunde und Vögel. Stadtmauern gab es nicht.
Schon am frühen Morgen begann das geschäftige Treiben der Menschen. Jeder ging seinem Gewerbe nach. Zuvor hatte man ohne viel Umstände den knurrenden Magen und die über Nacht ausgetrocknete Kehle mit Fladenbrot, ein

Blick in ein minoisches Wohnhaus. – Größe und Ausstattung des Hauses waren vom Reichtum und Wohnort seines Besitzers abhängig. Das Mobiliar blieb spärlich. Meist spielte sich das Leben außerhalb des Hauses ab. An kalten Tagen spendeten kleine tragbare Herde Wärme.

paar Oliven, Milch und Wasser beruhigt und erfrischt. Fischer strebten ihren Booten zu. Sie trugen nur einen Schurz. Es war ja warm. Manch einer hatte ein Netz über die Schulter geworfen. Beim Gehen stießen die runden, in der Mitte durchbohrten tönernen Netzbeschwerer zusammen. Das ergab einen dumpfen Laut. Andere trugen kupferne Angelhaken bei sich. Alle hofften sie auf einen guten Fang.

Boxende Kinder – Fresko aus Akrotiri (Breite des Bildes 92,5 cm, um 1500 v. Chr.). Beide tragen an der rechten Hand einen »Boxhandschuh«.

Am Stadtrand roch es unangenehm. Hier arbeiteten Walker und Färber. Wolle wurde in heißem Wasser unter Zusatz von im menschlichen Urin enthaltenen Ammoniak gewaschen und mit den Füßen gestampft, um sie zu entfetten. So konnte sie später die Farbstoffe besser aufnehmen. Dann wurde die Wolle noch ausgefilzt, gespült und gekämmt. Nun mußten die Färber ihre Arbeit tun. Nach einem streng gehüteten Rezept färbten sie Wolle und Gewebe durch Eintauchen in Tonkrüge, die mit verschiedenen heißen Färbelösungen gefüllt waren. Für schwarze Tücher brauchten sie die Tinte des Tintenfisches. Sollte es ein blaues Jäckchen werden, nahmen die Färber den Saft der Hyazinthe oder des Färberwaids. Gelbtöne lieferte die weiße Narzisse mit ockerfarbigem Kelch oder der Sauerampfer. Farbstoffe ließen sich auch aus einheimischen Mineralien, aus der Purpurschnecke oder der Kermesschildlaus gewinnen.

Viel angenehmer roch es bei den Salbenköchen. Sie stellten Parfüme und ölige Cremes her. Ein Duft war lieblicher, süßer und verführerischer als der andere. Sie verwendeten dafür Pflanzen der Insel sowie aus fernen Ländern. War das eine ein Kitzel für die Nase, so waren die Produkte der Goldschmiedemeister eine Augenweide. Die minoischen Handwerkskünstler beherrschten das Nivellieren, Gravieren und Granulieren sowie die Treibe-, Filigran- und Einlegearbeiten. Natürlich war nicht in jedem Städtchen ein Goldschmied beschäftigt. Diese Handwerkskunst konzentrierte sich dort, wo die Wohlhabenden guten Absatz garantierten. Dagegen brauchte man Werkzeughersteller, Töpfer, Tischler und Zimmerleute oder Seiler, Gerber und Siegelschneider fast überall.

Während die Männer ihrem Gewerbe nachgingen, versorgten die Frauen den Haushalt. Sie wuschen, nähten, flickten, webten und spannen, kochten und buken und erzogen bei alldem ihre Kinder. Die Minoer wußten die Arbeit ihrer Frauen zu schätzen! War sie doch genauso notwendig und nützlich wie ihre eigene.

Buntes Treiben herrschte in den Städten, in denen Seeleute wohnten und Fremde ständig zu Gast waren. Was gab es da immer für Neuigkeiten zu hören! Kinder starrten mit aufgerissenen Mündern die kräftigen Männer an, die von Kämpfen mit Meeresungeheuern erzählten. Im fernen Ägypten herrscht ein neuer König? Soso. Ist er auch so gerecht zu seinen Untertanen wie unser Minos? Und was gab es da nicht alles zu bestaunen! Zwar wurden die meisten verlockenden Sachen gleich zum Palast gebracht und waren für die Bevölkerung unerschwinglich, aber einiges konnte man doch auf dem kleinen Markt erfeilschen. Hier setzten auch die Bauern auf direktem Wege manches von ihren landwirtschaftlichen Überschüssen ab.

Nackter Fischer – Fresko aus Akrotiri (Thera). Höhe über 1,10 m, um 1500 v. Chr.

Auf den Feldern der Bauern

Ruhiger als in der Stadt ging es schon bei den Minoern auf dem Lande zu. Das Klima der Insel bestimmt hier den Lebensrhythmus der Bauern. Der Kreter unterscheidet seit jeher zwischen einer Regenzeit (November bis Februar),

Zeichnerische Rekonstruktion einer minoischen Stadt (siehe folgende Doppelseite). Unser Wissen über das Aussehen damaliger kretischer Städte ist noch sehr lückenhaft.

Amphora aus geädertem und stellenweise rot geflecktem Marmor, mit weit ausladenden Henkeln, gefunden im Palast von Kato Zakro (Höhe 39 cm, 1500/1450 v. Chr.). Vielleicht war dieses Gefäß einst mit süßem minoischem Wein gefüllt?

einer Wachstumszeit (März bis Juni) und einer Trockenzeit (Juli bis Oktober). Für den minoischen Bauern waren das von den Göttern gesandte Gegebenheiten. Danach mußte er sich richten. Jene bat er bei der Aussaat um das Wachsen und Gedeihen der Früchte, jenen dankte er für die reichliche Ernte.

In den ersten Tagen der Regenzeit, wenn die Seeleute die Schiffahrt wegen der immer stürmischer werdenden Winde vorübergehend einstellten, begann für den Bauern die Aussaat. Er baute Weizen und Gerste an, aber auch Hülsenfrüchte, wie Erbsen und Linsen. Mohn und Sesam dienten nicht nur zur Ernährung, sondern ebenso als Medizin. Heilkräuter wie Thymian, Minze und Salbei wuchsen in den Gärten oder wild. Säte der Bauer die Samen des Flachses aus, dachte er an dreierlei: Aus den Fasern der Pflanze ließ sich Leinen für prächtige Gewänder herstellen, die Körner konnte man verzehren oder aus ihnen Arzneien gegen Husten und Verstopfung bereiten.

Geerntet wurde fast das ganze Jahr über. Alle Familienangehörigen waren jedesmal daran beteiligt. Während der Regenzeit sammelte man die reifen Oliven auf. Sie fielen meist von selbst von den Ölbäumen. Widerspenstige Früchte mußten von den Ästen heruntergeschlagen werden. In der zweiten Hälfte der Wachstumszeit begann die Getreideernte, die dann bis zur Mitte der Trockenzeit andauerte.

Frühmorgens zogen die Schnitter aufs Feld. Fröhliche Lieder begleiteten ihre Arbeit. Ab und zu mußten die Kinder ermahnt werden, die abgeschnittenen Getreidehalme aufzusammeln und nicht immer hinter den Mäusen herzujagen.

Dann wurde ein Platz festgestampft. Auf dieser Art Tenne sollte das Korn gedroschen werden. Die Getreidehalme

So funktionierte die im Landsitz von Vathypetron entdeckte, ausgezeichnet erhaltene Weinpresse: In dem Tonbottich mit Ausflußrohr stampfte man mit nackten Füßen die Trauben aus. Der ausgepreßte Rebensaft floß in ein anderes Gefäß, von dem er in große Pithoi zur Gärung und Aufbewahrung umgefüllt wurde. Abflußrinnen im Fußboden fingen auch den letzten Tropfen des kostbaren Getränks auf.

wurden auf dem Boden gleichmäßig ausgebreitet. Ein Pflock stand in der Mitte des Platzes. Daran band man einen Ochsen oder Esel an, der stundenlang im Kreis herumlaufen mußte und dabei ein Holzbrett hinter sich herzog. Darauf stand oder saß ein Mann. Unter dem Brett waren scharfe Obsidiansplitter befestigt.
Die Sonne brannte heiß! Die Bauern erfrischten und stärkten sich während der Arbeit. Für eine Pause ließen sie sich keine Zeit. Hatte man auf diese Weise das Getreide gedroschen, mußte noch die Spreu von den Körnern getrennt werden. Das geschah, indem man beides gegen den Wind schaufelte. Nur die Körner blieben auf dem Platz zurück und wurden in Säcke gefüllt.
Nach getaner Arbeit zogen alle müde, aber zufrieden nach Hause. Der Weg war nur kurz.

Sobald das Getreide von den Feldern war, begann die Weinlese. Die Trauben sahen verlockend aus. Köstlich war vermutlich ihr Geschmack. Der größte Teil der Ernte wurde zum Keltern von Wein verbraucht, eine kleinere Menge Trauben trocknete man an der Sonne. Als Rosinen dienten sie später zur Verfeinerung der Speisen.
Kam ein Fremder ins Dorf, lief alles neugierig zusammen. War es gar ein Sänger, der vielleicht zum wenige Stunden entfernten Herrenhaus unterwegs war, durfte er nicht gleich weiterziehen. Erst mußte er seine Geschichten vortragen. Reichlich sollte er dafür bewirtet werden. Aus einem solchen Anlaß nahm man sich Zeit für das Essen, die Arbeit lief nicht davon. Zur Feier des Tages kamen nicht nur der übliche Fladen, Käse und Oliven auf den Tisch, sondern auch mit Feigen- und Bienenhonig gesüßte Kuchen, eßbare Schnecken und endlich wieder einmal Fleisch. Hammel wurden geschlachtet und am Spieß gebraten. Mutterschafe zu töten wäre ein Frevel gewesen. Sie lieferten neben der Wolle auch noch Milch und – jährlich ein Lamm.
Neben den Schafen züchteten die Minoer vor allem Ziegen. Schweine gab es sehr viel weniger auf der Insel. Rinder in großer Zahl traf man nur in den Herden der Paläste an. Und Pferde hatten die meisten Bauern noch nicht einmal gesehen. Der Fleischbedarf ließ sich durch erlegtes Wild ergänzen. Mit Pfeil und Bogen oder Speer jagte man den Hirsch oder den Steinbock.

Dieses tönerne Hausmodell aus Archanes (südlich von Knossos, um 1600 v. Chr.) macht einen unfertigen Eindruck. Oder stehen die Säulen und Pfeiler auf der Dachterrasse?

Pax Minoica

Mit diesem lateinischen Begriff umschreiben in unserer heutigen Zeit manche Wissenschaftler die Verhältnisse auf der Insel des Minos vor dreieinhalb Jahrtausenden. Doch gab es diesen »Minoischen Frieden«, wie die deutsche Übersetzung beider Wörter lautet, wirklich? Brauchte Kreta keine Kriegshelden mehr seit jenen Tagen, da der sagenhafte König Minos seine beiden Brüder Sarpedon und Rhadamanthys besiegt und von der Insel verjagt hatte?
Tatsache ist: Unbefestigt standen die Paläste da, unbefestigt waren die Städte! Wohl kein Palastherr kämpfte mehr gegen den anderen. Niemals wurde berichtet, daß Kreter sich zusammengeschlossen hätten, um gemeinsam gegen jene zu kämpfen, die von ihnen Abgaben forderten. Die Herrschenden waren die Lieblinge der Götter. Greifst du jene an, dann strafen dich die Unsterblichen! Warum sollte man sich dieser Gefahr aussetzen, solange man ausreichend zu essen und zu trinken hatte. Solange es noch viele Freuden im Leben gab und man ein Dach über dem Kopf hatte. Luxus ist nun einmal das Privileg der Reichen. Sicher wollte manch einer auch öfter Fleisch essen oder seiner Frau goldenen Schmuck und kostbare Kleidung schenken. Aber es ging eben nicht. Hauptsache, man gehörte zu den Freien und nicht zu den palastabhängigen Handwerkern und Bediensteten. Beklagte einer von denen sein Los und lehnte sich dagegen auf, kümmerten sich schon die Wachen darum, daß er bald wieder zur Vernunft kam.
Doch wer sorgte auf der ganzen Insel für Ordnung, wer beschützte sie vor äußeren Feinden? Schon der sagenhafte König Minos, so wird erzählt, hat sich darüber Gedanken gemacht. Vielleicht befürchtete er, daß seine vertriebenen

Achtförmiger Schild. Das Motiv dieser eigentümlich geformten Verteidigungswaffe wurde oft bei Wandmalereien und anderen kretischen Kunsterzeugnissen verwendet.

Der Riese Talos wirft mit Steinen nach feindlichen Schiffen, die sich der Insel Kreta nähern wollen (siehe S. 47). – Talos zählt zu den eigenartigsten Gestalten der kretischen Sagenwelt. Der bronzene Riese wurde letztlich von der Zauberin Medea besiegt, als sie mit den Argonauten nach Kreta kam. Durch ihren Blick behext, entfernte Talos selbst den Nagel, der als Verschluß seiner Ader diente. Mit dem göttlichen Blut entwich auch das Leben aus seinem Körper.

Brüder eines Tages wieder auf der Insel landen könnten, um ihm seinen Thron streitig zu machen. Jedenfalls soll er seinen Halbbruder, den kunstfertigen Schmiedegott Hephaistos, gebeten haben, ihm einen unbesiegbaren Wächter zu schaffen, den Riesen Talos. Dessen Körper war ganz aus Bronze. Eine einzige Ader führte vom Nacken bis zum Knöchel. In ihr floß göttliches Blut. Jeden Tag soll Talos dreimal um die Insel gerannt sein. Erspähte er von weitem ein feindliches Schiff, warf er mit riesigen Felsbrocken nach ihm. Dann war es für das Schiff besser, schnellstens Reißaus zu nehmen. Wehe dem Feind, dem es dennoch gelang – vielleicht im Dunkel der Nacht –, seinen Fuß auf Kreta zu setzen! Spürte ihn Talos auf, dann mußte er unter furchtbaren Qualen sterben. Der Riese packte den Feind und drückte ihn an seine glutheiße Brust.

Welche geschichtlichen Wahrheiten könnten sich hinter jener Sage verbergen? Vielleicht sind es zwei: die Erinnerung an eine starke Flotte und an eine große Naturkatastrophe.

Herren zur See

Der griechische Geschichtsschreiber Thukydides behauptet in seinem Geschichtswerk, daß Minos der erste gewesen wäre, der eine Thalassokratie, eine Seeherrschaft, errichtet hätte. Andere antike Autoren erzählen von einer ganzen Reihe kriegerischer Expeditionen, die dieser König unternommen haben soll. Eine hätte ihn sogar in das damals noch unbedeutende Athen geführt. Das kam so:

Ein anderer Sohn des Minos, nämlich Androgeos, bat seinen Vater, an Wettspielen auf dem griechischen Festland teilnehmen zu dürfen. Der erlaubte das. Androgeos war so stark

»Schiffs-Fresko« – Teil eines Miniaturfrieses aus Akrotiri (Höhe 40 cm, um 1500 v. Chr.). Auf dem gesamten Bild ist die Fahrt einer Flotte zwischen zwei Häfen zu sehen, rechts oben ist das sogenannte Admirals-Schiff abgebildet. Man gewinnt fast den Eindruck, daß hier eine Vergnügungsreise dargestellt wurde. Einige Forscher deuten jedoch die Darstellung als »Einzug der Kriegsflotte in den Hafen«. Zumindest ist dieses »Schiffs-Fresko« ein Beweis für die Existenz einer minoischen Flotte, deren Schiffe bis zu 30 m lang waren.

und so schnell, daß er in allen Sportarten gewann. Das erregte wiederum den Neid seiner Gegner. Ohne daran zu denken, sich vielleicht bei späteren Wettkämpfen zu revanchieren, lauerten sie Androgeos auf und töteten ihn. Wie traurig war da der Vater, wie zornig der König! Mit einer gewaltigen Flotte segelte Minos über das Meer und besiegte den athenischen König Aigeus. Dieser mußte daraufhin in regelmäßigen Abständen sieben Jungfrauen und sieben Jünglinge nach Knossos schicken, wo – wir wissen es schon – im Labyrinth ein schreckliches Ungeheuer, der Minotauros, hauste. Dieser ernährte sich einzig und allein von Menschenfleisch. Das ist natürlich unglaubhaft und sicher von einem Feind des Minos ersonnen. Wahr ist aber, daß die Minoer über eine große Flotte verfügten, die dem Handel, dem

Schutz des Eilandes und manchmal wohl auch der Eroberung anderer, kleinerer Inseln diente.
Die großen Häfen lagen dort, wo Kreta schon von Natur aus über geschützte Buchten verfügte. Hier wurden an Ort und Stelle die Schiffe gebaut. Dafür benutzten die Minoer ihr einheimisches Holz. Auf dem Kiel errichteten die Schiffsbaumeister mit ihren Gehilfen den Schiffsrumpf. Die Planken aus Zypressen-, Kiefern- oder Akazienholz wurden durch Zapfen und Löcher zusammengefügt, in mehreren Lagen übereinandergeschichtet und mit langen Pflöcken aus hartem Holz befestigt. Waren somit die Außenwände des Rumpfes in langer und sorgfältiger Arbeit hergestellt, fügten die Schiffszimmerleute in den Schiffsbauch ein Skelett aus Längs- und Querbalken ein. Das diente seinem Zusammen-

»Hauptmann der Negergarde« – Detail einer Wandmalerei aus Knossos, um 1500 v. Chr. – Dieses Fresko ist nur sehr bruchstückhaft erhalten. Es zeigt einen kretischen »Offizier« mit »Hörnerfrisur«, dem zwei Nubier (?) folgen. Haben die Palastherren ihre Wachsoldaten aus fernen Ländern geholt? In der minoischen Kunst gibt es nur sehr wenige Darstellungen mit bewaffneten Menschen.

halt. Dann mußten alle Zwischenräume mit Pflanzenfasern – wie Hanf oder Schilf – und mit wasserundurchlässigem Material – wie Pech oder Wachs – abgedichtet werden. Nun erst konnte man das Oberdeck aufbauen. Auf seine Planken wurden die Ruderbänke gesetzt. Ihre Anzahl hing von der Länge des Schiffes ab. In der Mitte errichtete der Schiffsbaumeister den umlegbaren Mast, der nach achtern durch Stage abgestützt wurde. Am Heck brachte man an beiden Seiten die Steuerruder an. Rahen wurden am Mast befestigt. Hier konnten die zumeist vier-, manchmal aber auch dreieckigen Segel verankert werden. Das fertiggebaute Schiff erhielt noch einen Farbanstrich. Hatte es seine Schwimmfähigkeit bewiesen, stand der großen Fahrt nichts mehr im Wege.

Wie günstig war es, den Wind oder die Strömungen auszunutzen! Günstig vor allem für die zehn, zwanzig oder vierzig Ruderer, die ihre Arbeit vermutlich nicht immer freiwillig taten. Bei Windstille brachte es ein erfahrener Kapitän fertig, nur mit Hilfe der Strömungen die Insel im Uhrzeigersinn in einigen Tagen zu umfahren.

Die Fahrt an den Küsten entlang galt in jenen Zeiten als sicher und war deshalb sehr beliebt. Die Gefahr, auf Klippen zu laufen, muß bei dem verhältnismäßig geringen Tiefgang der Schiffe äußerst gering gewesen sein. Ob Minos auf seinem Weg von Knossos nach Athen zuerst die Insel Thera ansteuern ließ, um von dort über die Inseln Melos und Keos an sein Ziel zu gelangen?

Auf allen drei Inseln waren die Minoer nämlich gerngesehene Gäste, besaßen sie doch auf ihnen Handelsniederlassungen oder Stützpunkte: Akrotiri auf Thera, Phylakopi auf Melos sowie Hagia Irini auf Keos. Bei guter Sicht verliert man in der inselreichen Ägäis kaum Land aus den Augen. Das war in den damaligen Zeiten sehr beruhigend. Wurde das Ziel erreicht, zog man die Schiffe entweder auf den Strand oder verankerte sie am Ufer mit schweren Steinen. Auf der Rückfahrt in die Heimat nahm die königliche Flotte vielleicht den Weg entlang der peloponnesischen Küste, vorbei an der Insel Kythera, zur Nordwestspitze Kretas. War anfangs der vorherrschende Nordwestwind der Freund der Ruderer, half nun die West-Ost-Strömung auf der Weiterfahrt zu einem der drei Hafenorte von Knossos.

So bewegten sich die minoischen Schiffe lange Zeit ungehindert von Nord nach Süd, von Ost nach West. Konkurrenten hatten sie noch nicht zu fürchten. Weder die Hethiter noch die Ägypter und erst recht nicht die Babylonier waren Seemächte. Und auf die Mykener paßten die Minoer schon auf. Angst vor Seeräubern? Aber die Kreter doch nicht! Schon König Minos soll das Meer von diesem Pack befreit haben.

Drei von vielen minoischen Schiffstypen, wie sie auf Siegeln dargestellt wurden, – von links nach rechts: »Fischerboot«, »Handelsschiff«, »Vergnügungsschiff«

»Delphin-Fresko« aus dem »Megaron der Königin« des großen Palastes von Knossos, um 1600 v. Chr. – Viel lieber als mit kriegerischen Szenen schmückten die Minoer ihre Wände mit Bildern aus ihrer schönen Umwelt oder mit Darstellungen fröhlicher Feste.

Die Bogenschützen auf den kretischen Schiffen waren alle wahre Meisterschützen. Und wenn es den Minoern Spaß machte, dann kaperten eher sie selbst ein fremdes Schiff. Wie gut war es doch, eine solch starke Flotte zu besitzen.

Der Berg speit Feuer

Keiner konnte sagen, er wäre nicht gewarnt gewesen. Schon vor einiger Zeit hatte wieder einmal die Erde gebebt. Eilig packten die Einwohner von Akrotiri auf der Insel Thera ihr wertvollstes Hab und Gut zusammen, stellten die großen Vorratsgefäße unter die Türrahmen ihrer Häuser – jene würden am längsten dem Beben widerstehen können – und begaben sich in andere Gebiete ihres Eilandes oder überhaupt auf benachbarte Inseln. Kurze Zeit später beruhigte sich die Erde wieder. Hatten die vielen Gebete und Opfer geholfen? Die Menschen kehrten nach Hause zurück. Die Schäden wurden beseitigt. Man war guter Dinge. Aber plötzlich roch es brenzlig in der Luft. Aus Erd- und Felsspalten stieg Rauch empor. Von Tag zu Tag immer mehr! Sollte man schon wieder seine Sachen packen? Wohl dem, der sich rechtzeitig dazu entschloß und noch weit weg von der Insel Thera fliehen konnte.

Dann ging alles sehr schnell. Eine gewaltige Explosion erschütterte die Insel. Meilenweit sah man, wie eine mächtige Feuersäule zum Himmel emporstieg, und bedeckte die Augen vor Angst. Meilenweit schwankte die Erde. Man warf sich zu Boden und flehte zu den Göttern. Was haben wir getan, daß ihr uns so straft? Meilenweit kochte das Meer. Die Wellen wurden größer und größer. Es donnerte und blitzte. Die Luft war voller Schwefelgeruch. Der Ascheregen war so dicht, daß kein Sonnenstrahl ihn durchdringen konnte.

O ihr armen Menschen, die ihr noch zu nahe am Unglücksort wart! Ihr armen Tiere, die ihr nicht entrinnen konntet! Nicht einmal die Vögel vermochten sich zu retten. Und die Fische schwammen tot auf der See. Große Teile der einst so blühenden Hafenstadt Akrotiri bedeckte bald eine viele Meter hohe Ascheschicht; ihr nördliches Stadtgebiet versank im Meer. Ein tiefer Kratersee entstand. Thera selbst wurde in drei Teile gespalten.

Und was geschah mit der Insel des Minos? Auch hier hatte man das schreckliche Grollen gehört. Auch hier roch es sehr eigenartig. Gebäude erlitten Schäden. Viele Schiffe auf offener See oder in den sonst so sicheren Häfen wurden durch große Flutwellen vernichtet. Wer sollte Kreta nun vor seinen Feinden schützen? Oh, ihr Götter, warum habt ihr das getan?

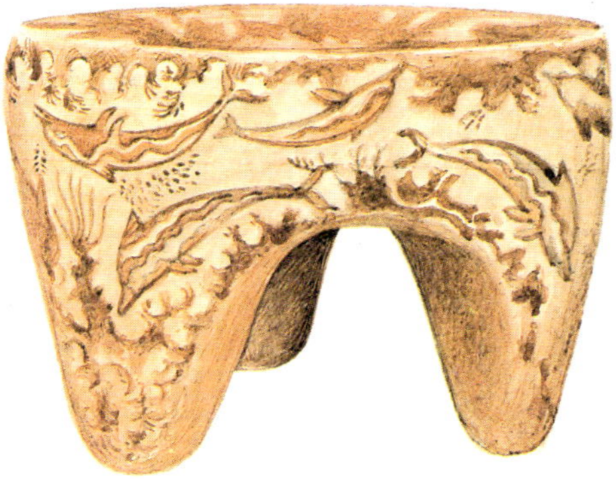

Dreifüßiger Opfertisch aus Akrotiri (Höhe 29,2 cm, um 1500 v. Chr.). Der Tisch ist mit Delphinen bemalt, die zwischen Meerespflanzen und korallenartigen Gebilden schwimmen (»Früher Meeresstil«).

Fayence-Figur einer »Schlangenpriesterin« oder »Schlangengöttin« aus der Kultischen Schatzkammer des Palastes von Knossos, Höhe 29,5 cm, nach 1600 v. Chr.

Ehre den Göttern und Toten

Es schien immer wieder ein Wunder zu sein, wenn in jedem Jahr die Wiesen von neuem grünten und der süße Blütenduft zurückkehrte, der die Menschen trunken machte. Welche Freude war es für den Bauern, wenn er sah, daß sein zur Regenzeit gesäter Samen allmählich aufging und die Getreidehalme wuchsen und wuchsen. Auch der Wein und die Ölbäume trugen von Jahr zu Jahr neue Früchte, deren Saft dann die Pithoi randvoll füllte. Leider fiel die Ernte manchmal nicht so gut aus, wie die Menschen es erhofft hatten. Dann schmolzen die Vorräte dahin, und wer nicht hungern wollte, mußte sich etwas borgen. Doch gab es nicht ein Mittel, sich gegen Mißernten zu schützen?
Ehre die Götter und opfere ihnen, damit sie dir gnädig gestimmt sind! Wie betroffen aber mußten jene sein, die sich an dieses Gebot hielten und denen dennoch ein Unglück widerfuhr. Mühselig, darüber nachzudenken! Das Handeln der Götter ließ sich nicht erforschen. Die Menschen konnten nur immer wieder versuchen, es zu beeinflussen.

Die Bitten der Lebenden

Die Minoer glaubten sicher wie viele Menschen jener Zeit, daß das Wachsen und Gedeihen von einer großen, fruchtbaren Muttergottheit abhing. Diese hatte einen Begleiter – den jungen Gott –, der jedes Jahr im Herbst sterben mußte, aber im kommenden Frühling wiedergeboren wurde. Bei den Ägyptern beispielsweise hieß dieses Paar Isis und Osiris, bei den Babyloniern Ischtar und Tammuz. Wie es bei den Minoern hieß, wissen wir nicht.

Die »Große Göttin« und der »Junge Gott« waren einerseits Mutter und Sohn, andererseits Braut und Bräutigam. Jedes Jahr vollzogen sie die »heilige Hochzeit«, die den Fluren und Lebewesen Fruchtbarkeit bringen sollte. Es ist nicht sicher, ob es auch bei den Minoern Brauch war, daß der König mit einer auserwählten Priesterin stellvertretend für die unsichtbaren Götter diese »heilige Hochzeit« vollführte. Denkbar wäre es schon, denn die Sage weiß von vielen Liebesaffären des Königs Minos zu berichten. Die meisten gingen für ihn glücklich aus, obwohl die eifersüchtige Gattin Pasiphaë immer wieder versuchte, ihrem Mann einen Strich durch die Rechnung zu machen. Vergeblich.
Minos hatte Glück bei den Frauen. Nur eine widersetzte sich seinem Verlangen: Britomartis, eine kretische Nymphe oder Göttin. Sie wollte ewig Jungfrau bleiben und sprang, nachdem sie der König neun Monate lang verfolgt hatte, von einem Felsen ins Meer. Dort wurde sie von Fischern in ihren Netzen aufgefangen. Völlig anders verhielt sich Skylla, die Tochter des Königs Nisos aus Megara in Mittelgriechenland. Als Minos auf seinem Rachefeldzug gegen Athen war, soll er auch jene Stadt belagert haben. Es hieß, daß er sie nicht eher einnehmen konnte, bevor Nisos seine Haare verlor. So schnitt Skylla, die von einer brennenden Liebe zu Minos verzehrt wurde, eines Nachts ihrem schlafenden Vater die Locken ab. Megara fiel daraufhin in die Hände der Kreter, doch der Sieger verstieß die Vaterlandsverräterin.
So vielfältig die Erzählungen antiker Autoren über den sagenhaften König des alten Kreta sind, so spärlich sind genaue Informationen über die minoische Götterwelt. Man weiß nicht, wie viele Götter die Minoer verehrten oder ob sich hinter verschiedenen Namen ein und dieselbe Gottheit verbirgt. Mögliche minoische Göttinnen könnten sein:

»Göttin auf einem Berg« – Siegelabdruck aus Knossos. Siegel kamen in den letzten Jahrhunderten des 3. Jt. v. Chr. auf Kreta in Gebrauch. Viele weisen auf den Götterkult hin.

Die Minoer ehrten ihre Götter in kleinen Hausheiligtümern, aber vor allem in freier Natur, auf Berggipfeln, unter Felsvorsprüngen oder – siehe folgende Doppelseite – vor und in Höhlen.

»Gott auf einem Palast oder einer Stadt« – Siegelabdruck aus Chania, 2. Hälfte des 15. Jh. v. Chr. – Dieser erst vor wenigen Jahren entdeckte kleine Siegelabdruck könnte auch einen minoischen König darstellen. Die wehenden Haare der männlichen Gestalt erinnern an den »Lilienprinzen« aus Knossos. Die Kulthörner auf den Mauern sind typisch für minoische Gebäude.

Eileithyia, die Geburtsgöttin, auch Ariadne, der Sage nach die Tochter des Minos, sowie Diktynna und die schon erwähnte Britomartis. Außerdem huldigten die alten Kreter vielleicht den Göttern Hyakinthos und Velchanos. Aus den Sagen und manchen Linear-B-Tafeln erfahren wir, daß vermutlich auch schon die Minoer zu späteren griechischen Göttern wie Zeus, Poseidon, Ares und Athene beteten. Auf jeden Fall verehrten sie eine Reihe namenloser Gottheiten wie die »Herrin der Tiere«, den »Herrn der Tiere« oder die »Herrin des Labyrinths«.

Die Minoer huldigten ihren Göttern vor allem in freier Natur – auf den Gipfeln der Berge, unter Felsvorsprüngen oder in den Tiefen der Höhlen. Zu bestimmten Zeiten machten sich Prozessionen auf den Weg, um an verschiedenen Kultorten zu opfern.

Ein beliebtes Ziel war die Grotte der Eileithyia. Sie befand sich bei Amnisos, einem der Hafenorte von Knossos. Unter Gesang erreichte man den Eingang der Kulthöhle. Junge Musikanten spielten auf ihren Instrumenten. Einer blies auf der Doppelflöte, ein anderer schlug mit einem Stück Elfenbein die siebensaitige Kithara. Vor der Grotte kauerte eine junge Priesterin. Sie war völlig in sich zusammengesunken. Doch bei dem immer schneller werdenden Rhythmus der Musik begannen ihre Glieder zu zucken. Geschwind griff sie in einen neben ihr stehenden Korb und holte zwei Schlangen heraus. Als sich die junge Frau erhoben hatte, konnte keiner mehr den Blick von ihr abwenden. War das eine Priesterin oder gar die Göttin selbst? Der kostbare, stufenförmig bis zur Erde reichende Rock verbarg nicht, sondern betonte ihre schöne Gestalt. Ihre wohlgeformten Brüste waren unbedeckt. Um die Priesterin – oder die Göttin? – tanzten weitere Priesterinnen in langen Röcken. Deren Haare flat-

terten im Wind und verhüllten nur ab und zu die nackten Oberkörper. Mit anmutigen Bewegungen drang die »Schlangengöttin« immer tiefer in die Höhle hinein und entschwand so den Blicken der Zuschauer.
Nun begann das Opfer. Auf einem steinernen Tisch, der vor dem Höhleneingang stand, stellten Priesterinnen und Priester Gefäße mit Öl, Wein und Honig ab. Man glaubte, daß gerade diese Süßigkeit eine besonders willkommene Opfergabe für die Geburtsgöttin Eileithyia sei, da sie den Schwangeren stets zur Stärkung gereicht wurde. Aber auch die Schlangen, welche die dunklen Erdgottheiten verkörperten und gnädig gestimmt werden sollten, naschten gern vom Bienen- oder Feigenhonig.
Ein Priester lief gemessenen Schrittes mit einem mit Wein gefüllten Rhyton vor der Höhle auf und ab. Hin und wieder nahm er den Finger von der kleinen Ausgußöffnung dieses Opfergefäßes und ließ einen Teil der köstlichen Flüssigkeit auf die Erde tropfen. Auch das Trankopfer wurde zu Ehren der Unsterblichen vollzogen. Als das geschehen war, durften alle ihre Gaben niederlegen. Die Menschen opferten keine kostbaren Sachen, sondern einfache Dinge wie Wein, Honig, Kleidungsstücke und vor allem Blumen. Sie verharrten einen Augenblick am Eingang der Höhle in einer der üblichen Gebetshaltungen. Die einen streckten beide Arme zum Himmel empor, um so den Segen von oben zu empfangen. Die anderen legten die rechte Hand an die Stirn und ließen den linken Arm am Körper herabhängen. In dieser nur Sekunden dauernden Versenkung erhofften sie, vielleicht den Ratschluß der Götter zu erahnen. Wieder andere verschränkten beide Arme vor der Brust, zum Zeichen dafür, daß sie sich und ihr Schicksal der Gottheit in die Hände gaben.

Kleines Rhyton aus Bergkristall, gefunden im Palast von Kato Zakro (Höhe 16,5 cm, um 1450 v. Chr.). Dieses Opfergefäß wurde von Restauratoren aus 300 Einzelstücken wieder zusammengesetzt.

Viele Minoer dankten der Göttin für die Geburt eines gesunden Kindes, manche baten Eileithyia um Beistand für die schwangere Frau. Alle blickten sie scheu in das von Fackeln schwach erhellte Innere der Grotte. Stand da nicht die Muttergöttin mit ihrem Sohn? Möglicherweise wußten nur die eingeweihten Priester, daß der Lichtschein bloß die Umrisse zweier Stalagmiten – eines großen sowie eines kleinen – wiedergaben. In der Hoffnung, daß Eileithyia die Gebete erhört hatte, kehrte die Prozession am Abend heim.
Ob die Kulthandlungen vor der Höhle von Amnisos wirklich so abliefen, wissen wir nicht. Archäologische Funde, Wandmalereien sowie Abbildungen auf Siegeln machen sie jedoch wahrscheinlich. Sicher ist, daß an anderen Kultorten der Insel andere Götter verehrt wurden. Von diesen erwarteten die Minoer verschiedene Hilfe. Sie baten dort um den Schutz ihres friedlichen Lebens, um den Zusammenhalt ihrer Familien, um das Gedeihen von Pflanzen und Tieren sowie um

Kalksteinsarkophag aus Hagia Triada (Länge 1,37 m, um 1400 v. Chr.). In diesem auf den beiden abgebildeten Längsseiten (und Schmalseiten) reich bemalten Sarg wurde eine königliche Leiche bestattet. Viel Viel schlichter waren die Begräbnisse der einfachen Minoer. Auf den Längsseiten sind unblutige (Früchte-) und blutige (Stier-) sowie ein Totenopfer dargestellt.

ein langes glückliches Leben. Dafür opferte man der jeweiligen Gottheit entsprechende Gegenstände: kleine Tonidole, die betende Menschen darstellen sollten; kleine Arme, Beine oder andere Körperteile aus Ton zum Dank für die Heilung oder als Bitte um Gesundung von der jeweiligen Krankheit. Es wurden auch Nachbildungen von Tieren auf den Opfertischen niedergelegt. Damit hoffte man den gleichen Dank von den Göttern zu erreichen, als wenn man ihnen zu Ehren einen Ochsen, ein Schaf oder eine Ziege schlachtete. Nicht jeder konnte sich das leisten.
In den Höhlen von Psychro und Arkalochori im Dikte-Gebirge, südwestlich von Knossos, hatten die Minoer den Gottheiten bronzene Werkzeuge, Doppeläxte und Waffen dargebracht. Auf einer Doppelaxt war eine geheimnisvolle Hieroglypheninschrift eingeritzt worden. Beinhaltete sie vielleicht ein Gebet oder eine Zauberformel, mit der man Dämonen dienstbar machen konnte? In der Grotte von

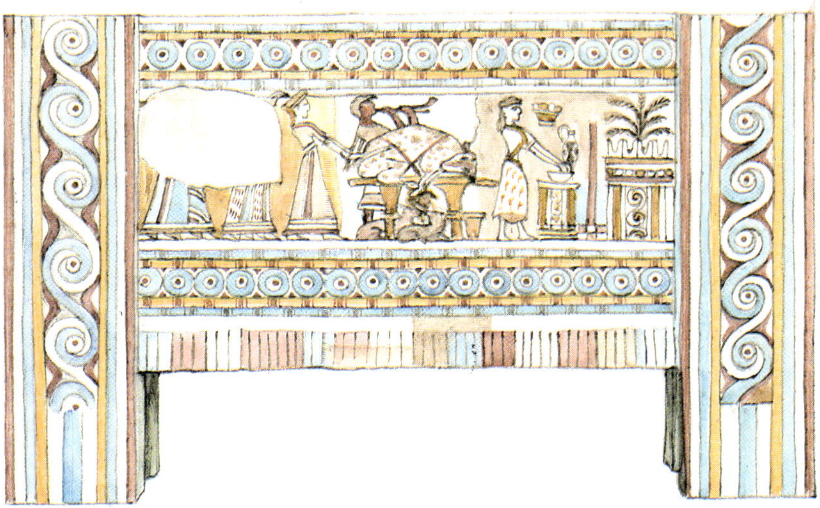

Zu sehen sind auch die minoischen Kultsymbole »Doppelaxt« und »Stierhorn«. Die Hautpartien der männlichen Figuren wurden mit dunkler, die der weiblichen mit heller Farbe gemalt.

Arkalochori lagen sogar einige sehr lange Bronzeschwerter. Das war eine für Kreta untypische Opfergabe. Auch kleine Äxte aus Gold fanden sich hier. Welcher reiche Minoer hatte sie niedergelegt? Wie groß muß die Bitte gewesen sein, die er durch die Opferung dieser kostbaren Dinge erfüllt haben mochte?

Das Reich der Toten

Eng mit dem Leben hängt der Tod zusammen. Auch die Minoer betrauerten ihre Toten. Sie nahmen Abschied von ihnen. Doch sie hofften, daß sie sich einst *dort* wiedersehen würden. Dort? Wo lag dieses »Dort«?
Keiner wußte es. Die Priester hatten erzählt, es gäbe ein »Reich der Toten«. Dort solle es noch schöner sein als auf der Insel Kreta. Man glaubte das nur, weil die Priester es sagten. Gewiß, die Toten kannten keine Sorgen mehr und keine Angst, hatten keinen Schmerz mehr zu ertragen. Doch kannten sie noch den Geschmack des funkelnden Weines, den Duft des gebratenen Fleisches und des frischen Fladenbrotes, die herrliche Blumenpracht? Damit sie diese Annehmlichkeiten ihres früheren Lebens nicht entbehrten, brachten die Minoer ihnen genau wie den Göttern regelmäßig Opfer dar. Daran sollten sich die Vorfahren erfreuen. Daran sollten sie erkennen, daß sie unvergessen blieben. Beschützten nicht die Toten die Lebenden und waren deren Vermittler bei den Göttern? Dort, im Jenseits, sind die Sterblichen den Unsterblichen doch so nahe. Das glaubten gewiß auch die Minoer.
Welche Begräbnisbräuche pflegten sie? Wenig ist darüber bekannt. Mit Sicherheit ging es besonders feierlich zu, wenn

Gold-Anhänger (Treibarbeit mit Granulation) aus einem Grab in Mallia-Chrysolakkos (Breite 4,9 cm, 1. Hälfte des 2. Jt. v. Chr.). Dieses Schmuckstück – in Gestalt zweier Bienen oder Hornissen, die an der granulierten Honigwabe saugen – zeugt vom hohen Stand des minoischen Goldschmiedehandwerks.

Inneres einer königlichen Grabkammer (siehe S. 62). Zwei Priester stehen vor einem reich verzierten Sarkophag, in dem der Verstorbene bestattet wurde. Der eine Priester trägt ein trichterförmiges Rhyton, mit dem die Trankspende für die Unterweltsgötter vollzogen werden konnte. Beide Männer sind mit dem typischen Fellrock bekleidet.

»Stierkopfrhyton« aus dem kleinen Palast von Knossos (Höhe ohne Hörner 20,6 cm, nach 1500 v. Chr.). – Der Kopf dieses Opfergefäßes ist aus schwarzem Steatit, die Augen sind aus Bergkristall gefertigt. Die Hörner bestanden aus vergoldetem Holz.

ein Angehöriger der herrschenden Schicht begraben wurde. Dann begleitete ein großer Trauerzug die Bahre des Toten, voran die nur mit Fellröcken bekleideten Priester. Ihnen folgten die Verwandten des Toten, Priesterinnen und Musikanten.

Die Tür zum fürstlichen Grabgebäude stand offen. Schweigend durchschritten die Trauernden einen langen Gang, kamen in einen kleinen Raum und gelangten schließlich auf einen Hof.

Dieses Totenhaus hatte Ähnlichkeit mit einem Haus der Lebenden. Jedoch gab es zwei große Unterschiede. Hier war es still, und in den Räumen herrschte Finsternis. Kein Fenster erhellte sie. Fackeln mußten angezündet werden, bevor man eine innere Halle betrat, die zur sogenannten Pfeilerkrypta führte. Dort sollten die Beigaben niedergelegt werden. Dahinter war nur noch die eigentliche Grabkammer, wo der Tote in einen reich bemalten Sarkophag gelegt wurde.

Ehrfurchtsvoll stellten die Verwandten des Verstorbenen ihre mitgebrachten Geschenke in eine Ecke des Raumes. Sogar das Modell eines Schiffes war dabei. Die Minoer glaubten wohl wie die Ägypter, daß die Toten zu den »Inseln der Seligen« ein großes Meer überqueren müßten. Unter den Opfergaben lagen auch, neben Nahrungsmitteln für die lange Reise, Rasiermesser aus Obsidian und auf Hochglanz polierte Bronzespiegel. Nichts sollte der Tote in seinem zweiten Leben missen.

Während der Begräbniszeremonie beteten die Priester zu den Göttern um gnädige Aufnahme des Verstorbenen in das Reich der Toten. Der in den Räuchergefäßen glimmende Weihrauch erfüllte die Pfeilerkrypta mit Wohlgerüchen. Musik erklang.

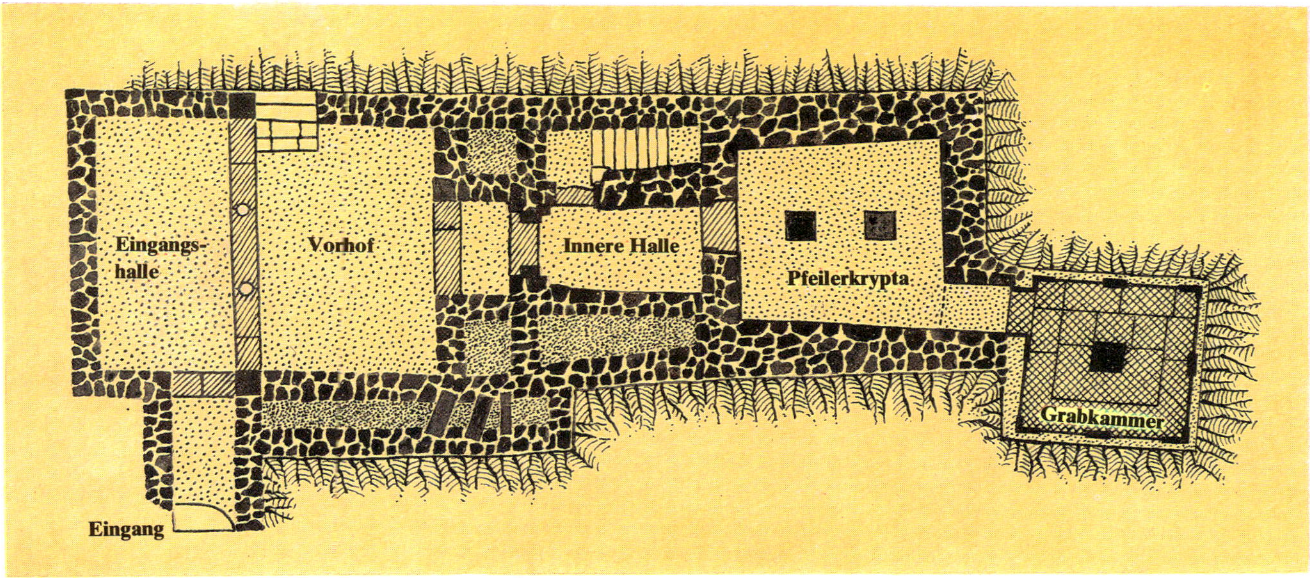

Grundriß des nordwestlich vom Palast von Knossos liegenden sogenannten Tempelgrabes (königliches Grab). Der Eingang des Grabkomplexes lag im Osten. Von dort führte der Weg durch eine Eingangshalle, einen Vorhof, eine Innere Halle und durch die Pfeilerkrypta in die eigentliche Grabkammer, die in den Felsen gehauen war.

Dann begaben sich die Trauernden wieder ins Freie. Hier war auf einem steinernen Opfertisch ein junger Stier fest angebunden. Eine Priesterin trat hinzu und vollführte mit der Doppelaxt den tödlichen Streich. Das Blut spritzte ihr aus der durchtrennten Kehle des Tieres entgegen und befleckte ihr Gewand. Schnell sprang ein Diener herbei und fing das »Lebenswasser« in einem Opfergefäß, das die Form eines Stierkopfes hatte, auf. Das Blut sollte den dunklen Unterweltsgöttern geopfert werden, damit sie die Lebenden in Ruhe ließen.
Im Anschluß an das blutige Opfer nahmen die Trauernden das Totenmahl ein.

Siegel mit Darstellung des »Minotauros« aus der Psychro-Höhle (Spartanischer Basalt, Durchmesser 2,4 cm). – Dieses der Sage nach von Pasiphaë (der Gattin des Minos) mit einem Stier gezeugte Ungeheuer ist hier halb als Stier, halb als Mensch abgebildet. Außerdem sind auf dem Siegel zwei Kultsymbole (?) zu sehen.

Vom Stierspiel zur Minotauros-Sage

Viele Menschen hatten sich rechts und links der königlichen Straße von Knossos versammelt. Männer, Frauen und Kinder. Besonders die Damen waren fein herausgeputzt und zeigten offen ihre Reize. Das gefiel den Männern, gern räumten sie ihren Frauen die vorderen Reihen ein. Das eine Ende der Straße, dort, wo sie in den »Theaterbezirk« mündete, war wegen des bevorstehenden Ereignisses mit großen Steinblöcken abgesperrt worden. Dahinter erhob sich eine Tribüne, auf der Minos zusammen mit der königlichen Familie und den Edlen des Reiches Platz genommen hatte.
Die Aufregung wuchs. Wieviel Springer werden es diesmal sein? Waren auch Mykener darunter? Kamen diese freiwillig? Keiner wußte es genau.
Minos hob die Hand. Das Spiel konnte beginnen. An einer Seite der Absperrung, in Höhe der königlichen Tribüne, hatte man einen äußerst schmalen Durchgang gelassen. Durch diese Gasse zwängten sich nun sieben Jungfrauen und sieben Jünglinge. Als sie ihre langen Umhänge abgeworfen hatten, standen sie nur noch mit einem Schurz bekleidet da. In der rechten Hand hielt jeder von ihnen eine große Holzgabel. Jetzt stellte sie einer der jungen Männer an die Mauer und ging etwa zwanzig Schritt nach vorn. Dort blieb er stehen und wartete. Die Zuschauer wußten worauf.
Am anderen Ende der Straße zerrten sechs starke Männer einen jungen Stier herbei. Sie hatten ihm ein dickes Seil um den Hals gebunden und zogen kräftig daran. Das Tier war unruhig, obwohl es schon einige Zeit in menschlicher Gefangenschaft lebte.
Nun standen sie sich gegenüber – Stier und Springer – in einer Entfernung von rund zweihundert Schritt. Einer der

sechs Männer löste das Seil am Hals des Tieres. Es war frei! Doch – wo sollte es hin? Hinter ihm standen die Wächter mit ihren Stöcken. Rechts und links der knapp vier Meter breiten Straße erhoben sich Mauern, von denen Tausende von Menschenaugen herunterblickten. Blieb nur die Flucht nach vorn! Der Stier zögerte. Da erhielt er einen Stockschlag gegen seine rechte Flanke. Das Tier rannte los. Noch hun-

Miniaturfresko mit Darstellung eines »Stierspiels« aus dem Ostflügel des großen Palastes von Knossos (Höhe 37 cm, um 1500 v. Chr.). Zu sehen sind zwei Frauen und ein Mann, der über einen Stier springt.

dert Schritt bis zum Springer, noch fünfzig, noch zwanzig, noch zehn... Mit gezieltem Griff packte der Jüngling beide Hörner des Stiers. Dessen Verblüffung dauerte nicht länger als ein Augenaufschlag. In der Absicht, den verwegenen Menschen wieder abzuschütteln, riß das Tier ruckartig den Kopf nach hinten. Diesen Schwung nutzte der junge Mann aus, um mit einem Salto mortale über den Körper des Stiers hinwegzusetzen. Sicher landete der tollkühne Springer auf der Erde! Die Menge tobte. Das verstörte Tier sah sich nun einer neuen Barriere gegenüber. Denn auch hier ging es nicht weiter. Zwei der wartenden Springer hielten den Stier mit ihren Holzgabeln in Schach, bevor ein Netz über ihn geworfen wurde, das für diese Zwecke bereitgelegt war. Und da packten ihn auch schon wieder die zwölf starken Männerhände und zogen ihn den Weg zurück. Widerstand zu leisten war zwecklos.

Nun wiederholte sich das Schauspiel: neuer Stier, neuer Springer. Diesmal war eine junge Frau an der Reihe. Sie flog über die Hörner, landete mit den Armen auf dem Rücken des Tieres, stieß sich von dort ab und erreichte ebenfalls sicher den Boden. Auch beim dritten, vierten, fünften und sechsten Mal ging alles gut. Doch der siebente Springer griff daneben. Das rechte Horn des Stiers bohrte sich in die linke Seite des jungen Mannes. Ein Schrei des Entsetzens entfuhr den meisten Zuschauern. Und gerade einem Springer vom Festland mußte das passieren! Sie waren eben nicht so trainiert wie die einheimischen. Der bewußtlos am Boden liegende junge Mann wurde aus der Arena getragen. Auf dem Straßenpflaster sah man eine dicke Blutspur.

Trotz eines solchen Zwischenfalls, der bei dem gefährlichen Wettkampf zwischen Mensch und Tier niemals auszuschließen war, ließ der Herrscher von Knossos die Veranstaltung

fortsetzen. Denn die Götter, zu deren Ehren das Stierspiel stattfand, würden einen Abbruch nicht verzeihen, und seine Untertanen wären darüber unzufrieden. Also gab Minos das Zeichen zum Weitermachen. Heilkundige Priester kümmerten sich um den Verletzten.
Von dem bösen Vorfall unbeeindruckt, bewältigten die restlichen Springer ihre Aufgabe. Das Stierspiel war aus. Die Menge zerstreute sich wieder und kehrte heim. Für die nächsten Wochen gab es genug Gesprächsstoff. Von Mund zu Mund ging die freudige Nachricht, daß der Mykener am Leben sei.

Der Faden der Ariadne

Viele Jahrhunderte später erzählten die Athener mit Stolz von ihrem Helden Theseus. Der Sohn des Königs Aigeus hatte sich, als Minos zum dritten Mal den Menschentribut forderte, freiwillig zusammen mit sieben Jungfrauen und sechs Jünglingen auf den Weg nach Knossos gemacht. Auf der Insel angekommen, sah ihn die Tochter des Königs Minos, Ariadne. Diese verliebte sich auf den ersten Blick in den schönen Theseus. Als sie von seinem Plan hörte, den im Labyrinth hausenden Minotauros zu töten, drückte die Prinzessin dem Prinzen heimlich ein Wollknäuel in die Hand. Dessen Anfang band Theseus am Eingang des Labyrinths fest. Nachdem er den Minotauros in hartem Kampf getötet hatte, fand der Königssohn mit Hilfe des Fadens der Ariadne aus den verwirrenden Gängen ins Freie zurück! Beide – die kretische Königstochter und der athenische Prinz – mußten vor dem Zorn des Minos fliehen. Doch das Festland war von nun an von der Tributleistung befreit.

Schema eines Labyrinths auf der Rückseite einer Linear-B-Tafel, gefunden in Pylos (griechisches Festland), 13. Jh. v. Chr. – Der Minotauros war in einem Labyrinth gefangen. Dieses befand sich der Sage nach in Knossos. Dort – im großen Palast – war in einige Mauersteine eine Doppelaxt eingeritzt worden. In karischer (einer kleinasiatischen) Sprache heißt sie »labrys«. Daraus schlossen einige Forscher, daß das Labyrinth das »Haus der Doppelaxt« gewesen sei.

Soweit die Sage, die ihre Wurzel mit großer Wahrscheinlichkeit in jenem eigenartigen Stierspiel der Minoer hat, das uns auf Wandmalereien und Siegeln begegnet. Vergleichen wir nun diese Sage mit den heutigen archäologischen Erkenntnissen über das minoische Kreta, so können wir einen durchaus möglichen geschichtlichen Kern entdecken: Viele Funde auf der griechischen Halbinsel Peloponnes, dem einstigen Zentrum der mykenischen Kultur, beweisen einen starken kretischen Einfluß in der ersten Hälfte des 2. Jahrtausends v. Chr.

In dieser Zeit war Kreta – die Insel des Minos – dem Festland in vieler Hinsicht noch weit überlegen. So ist es nicht unwahrscheinlich, daß sich die Macht der Minoer einige Jahrhunderte lang auf die Peloponnes erstreckte. Hatten sie doch auch Kolonien und Handelsstützpunkte auf den ägäischen Inseln und an der kleinasiatischen sowie syrischen Küste.

Warum also sollte es nicht einmal eine Zeit gegeben haben, da die Leute vom Festland der Insel in irgendeiner Art tributpflichtig waren? Warum sollte es nicht möglich gewesen sein, daß sich Mykener – freiwillig oder unfreiwillig – am minoischen Stierspiel beteiligten? Kamen sie in ihre Heimat zurück, erzählten sie davon.

In der Mitte des 15. Jahrhunderts v. Chr. verschob sich das Machtzentrum in der Ägäis von Kreta zum mykenischen Festland. Auf der Insel wurden die meisten Paläste, Herrenhäuser und Siedlungen zerstört. Man nimmt an, daß nun in Knossos Mykener residierten. Darauf könnten auch die sogenannten Kriegergräber mit zahlreichen Waffenbeigaben verweisen. Diese kommen nämlich in jener Zeit zum ersten Mal auf Kreta vor und zeigen deutlich mykenischen Einfluß.

Eine von mehr als zwei Dutzend goldenen Doppeläxten, die in der Arkalochori-Höhle gefunden wurden. Diese kleinen Opfergaben (Breite 8 bis 9 cm) wurden hier um 1500 v. Chr. niedergelegt.

Kampf des Helden Theseus gegen das Ungeheuer Minotauros *(siehe S. 70)*

Wie es den Mykenern gelang, Kreta zu erobern, wissen wir nicht genau. Sicherlich spielten dabei mehrere Gesichtspunkte eine Rolle. Die Leute vom Festland hatten im Laufe der Zeit gelernt, ebenfalls Herren zur See zu werden. Die starke minoische Flotte erlitt durch den Vulkanausbruch von Thera schwere Verluste. Auf Kreta selbst könnte es nach jahrhundertelanger friedlicher Entwicklung zu Zwistigkeiten zwischen den Palastherren, zu Auseinandersetzungen zwischen Untertanen und Herrschern gekommen sein, so daß das Land geschwächt wurde. Vielleicht spielte sogar Verrat eine Rolle.

Auf jeden Fall waren die Mykener sehr stolz darauf, ihren mächtigen Rivalen besiegt zu haben. Sie werden oft von ihrem Erfolg erzählt haben. Später, als auch die mykenische Kultur längst untergegangen war, beanspruchten die Athener die Verdienste um die Befreiung Griechenlands. – Und könnte es nicht sein, daß aus einem mykenischen König jener sagenhafte athenische Prinz Theseus wurde, der seine Heimat von einem schmählichen Tribut an die Insel des Minos erlöste?

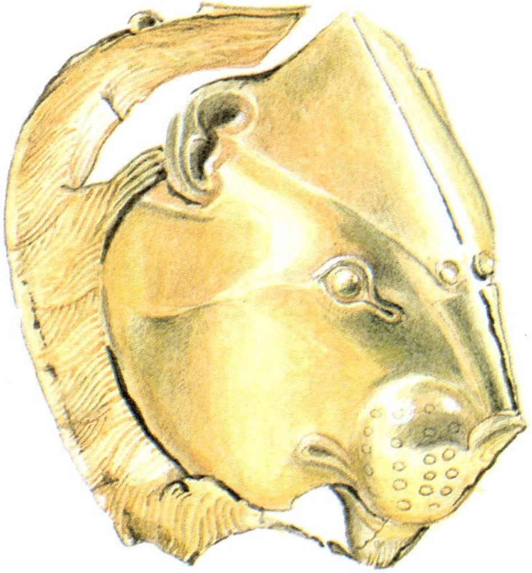

Goldenes Rhyton in Form eines Löwinnenkopfes aus einem Schachtgrab auf der Burg von Mykene (Höhe 20 cm, 2. Hälfte des 16. Jh. v. Chr.). – Der Löwe war ein beliebtes Motiv in der mykenischen Kunst. Besonders berühmt ist das Burgtor von Mykene mit der Darstellung zweier Raubkatzen, daher auch Löwentor genannt. Es gibt zudem einige Funde mit Abbildungen, auf denen ein Löwe einen Stier besiegt.

Odysseus, König von Ithaka und Trojakämpfer, kommt nach zwanzigjähriger Abwesenheit nach Hause, gibt sich als Aithon aus und erzählt seiner Frau Penelope, die ihren Gatten noch nicht wiedererkennt, eine Geschichte:

Mitten im schimmernden Meer liegt Kreta, lieblich und fruchtbar,
rings von den Wogen umbrandet. Dort gibt es zahlreiche Menschen,
kaum übersehbar an Menge, und neunzig blühende Städte.
Sprachen erklingen in buntem Gemisch; dort leben Achaier,
leben die mutigen Urkreter und die Kydonen, auch Dorer,
die in drei Stämme zerfallen und die edlen Pelasger.
Wichtigste unter den Städten ist Knossos, wo Minos als König
jeweils neun Jahre gebot, als Vertrauter des großen Kroniden,
Vater des Helden Deukalion, meines mutvollen Vaters.
Letzterer zeugte nun mich sowie Idomeneus, den Fürsten;
dieser zog mit den Söhnen des Atreus auf seinen geschweiften
Schiffen nach Troja. Ich selber trage den ruhmreichen Namen
Aithon. An Alter und tapferem Mut überragt mich mein Bruder.
Dort auf Kreta sah ich Odysseus und wurde sein Gastfreund.

(Odyssee 19, 172–185. Aus dem Griechischen übersetzt von Dietrich Ebener, in: Homer. Werke in zwei Bänden, Bibliothek der Antike, Berlin 1976)

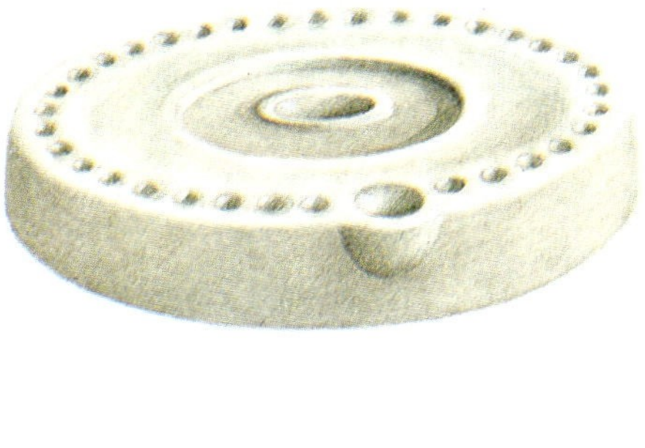

Worterklärungen

Ägäis: inselreiches Meer zwischen Griechenland und der Türkei, benannt nach dem sagenhaften athenischen König Aigeus, der sich, weil er glaubte, sein Sohn Theseus wäre tot, aus Trauer in dieses Meer stürzte

Ares: griechischer Gott des Krieges

Argonauten: 50 heldenhafte Seefahrer (darunter Herakles und Orpheus) auf dem Schiff »Argo«. Sie holten das goldene Vlies (Schaffell) aus der Kolchis (am Schwarzen Meer) wieder nach Griechenland.

Athene: (auch: Athena) mächtige griechische Göttin, Tochter des Zeus, bekannt vor allem als Schutzgöttin des klassischen Athens

Atreus: in der griechischen Sage König von Mykene. Sohn des Pelops (daher Peloponnes, d. h. »Insel des Pelops«) und Vater des Agamemnon und Menelaos. In Mykene heißt ein fürstliches Kuppelgrab »Schatzhaus des Atreus«.

Daidalos: (griech. »der Künstler«) in der griechischen Sage berühmter Erfinder und Baumeister. Er soll auch für Minos das Labyrinth errichtet haben.

Dämon: ein übermenschliches Wesen, das Gutes oder Böses bewirken kann

Deukalion: Sohn des Minos und Vater des Idomeneus, der mit seinen Gefährten auch gegen Troja zog

Fayence: (sprich: fajangs) Tonwaren mit bunten Glasuren, benannt nach der italienischen Stadt Faenza

heilige Hochzeit: Sie wurde in vielen alten Kulturen alljährlich im Frühjahr stellvertretend für die Götter von einem König und einer Priesterin vollzogen, um dem Land Fruchtbarkeit zu sichern.

Hieroglyphen: (griech. »heilige Inschriften«) Sir Arthur Evans benannte die frühesten kretischen Schriftzeichen so, weil sie ihn an die berühmten ägyptischen Hieroglyphen erinnerten.

Idomeneus: König der Kreter zur Zeit des Trojanischen Krieges. Er war der Sage nach ein Enkel des Minos.

Ilias: ein Epos (Erzählung in Versen) des Homer, das den Kampf um Troja schildert

Kernos: Kultgegenstand von verschiedenem Aussehen, in dem die Menschen verschiedene Spenden (Oliven, Wein, Getreide u. a.) für die Götter niederlegten

Kronide: Sohn des alten mächtigen Gottes Kronos, vor allem Zeus wurde so bezeichnet.

Krypta: eigentlich ein »verborgener Raum«, Gruft

Megaron: (griech. »Raum«, »Haus«) Begriff aus der Baukunst für einen langen, rechteckigen Haustyp, mit der Tür an einer Schmalseite

Mykene: Hauptfundort der nach ihm benannten mykenischen Kultur, die vom 16. bis zum 12. Jahrhundert v. Chr. in Griechenland verbreitet war. Die Mykener (eine Sammelbezeichnung für alle zu jener Zeit lebenden Bewohner des griechischen Festlands) standen anfangs unter minoischem Einfluß; später eroberten sie die Insel Kreta.

Odyssee: ein Epos (Erzählung in Versen), das die zehnjährigen Irrfahrten und die Heimkehr des Trojakämpfers Odysseus schildert. Gelehrte streiten sich heute darüber, ob dieses Werk auch von Homer oder von einem bzw. mehreren seiner »Schüler« ist.

Pax Minoica: lateinischer Begriff für »Minoischer Frieden«. Bekannter ist die sogenannte Pax Romana.

Portikus: lateinischer Begriff für »Säulenhalle«

Poseidon: griechischer Gott des Meeres und aller Gewässer, Bruder des Zeus und des Gottes der Unterwelt, Hades

Rhyton: Kultgegenstand für Trankopfer mit einer Ein- und einer Ausgußöffnung. Rhyta gab es in verschiedenen Formen (z. B. als einfache Trichter oder kunstvolle Stierköpfe).

Säulen des Herakles: die einer griechischen Sage nach von Herakles errichteten Felsspitzen, welche die Straße von Gibraltar begrenzen – dort, wo das Mittelmeer in den Atlantischen Ozean mündet

Skylla: Tochter des Königs Nisos aus Megara. Bekannter ist ein Meeresungeheuer gleichen Namens.

Stalagmit: ein vom Höhlenboden nach oben wachsendes Tropfsteingebilde (Gegenteil: Stalaktit – von der Höhlendecke herabhängend)

Troja: (griech. »Ilion«) Stadt an der Nordwestküste der heutigen Türkei. Schauplatz des von Homer in seiner »Ilias« besungenen zehnjährigen Krieges zwischen Achäern (Griechen) und Trojanern. Die starke Festung konnte nur durch eine List des Odysseus (»Trojanisches Pferd«) eingenommen werden.

Zeus: oberster griechischer Gott. Es ist wahrscheinlich, daß Zeus sowie andere griechische Götter schon von den Minoern angebetet wurden.

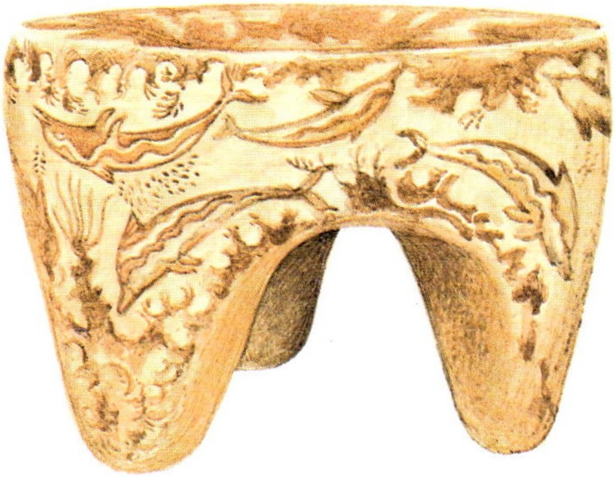

Chronik des alten Kreta

Ende 7. Jahrtausend v. Chr.

Aus Kleinasien kommen die ersten Siedler nach Kreta. Es entsteht eine vorkeramische Siedlung in Knossos. Für eine noch frühere Besiedlung der Insel gibt es gegenwärtig nur unsichere archäologische Hinweise.
In den darauffolgenden Jahrtausenden finden weitere Einwanderungen statt, vermutlich auch aus dem nordafrikanischen Gebiet.

**6. Jahrtausend
bis Anfang 3. Jahrtausend v. Chr.**

Die Menschen leben auf Kreta in neolithischen, urgesellschaftlichen Verhältnissen. Sie betreiben Ackerbau und Viehzucht, Jagd und Fischfang. Sie ernten Weizen, Gerste, Hirse und Hafer; vielleicht beginnt zu jener Zeit auch schon der Wein- und Olivenanbau. An Tieren züchten sie vor allem Ziegen und Schafe.
Anfangs wohnen die Kreter zum Teil in Höhlen, zum Teil in Holzhütten. Später errichten sie Häuser aus Steinen und Lehmziegeln. Immer mehr Siedlungen entstehen.

3. Jahrtausend v. Chr.

Die Archäologen nennen diese Periode *Vorpalastzeit* oder unterteilen sie in Frühminoisch I–III und Mittelminoisch Ia.
In den ersten Jahrhunderten dieses Jahrtausends lernen die Inselbewohner u. a. die Metalle Kupfer und Zinn sowie ihre Verarbeitung zu Bronze kennen. Beginn der Bronzezeit auf Kreta um 2600 v. Chr. (Ende ca. 1200 v. Chr.). Die minoische Gesellschaft wird vom Metall abhängig. Da die Insel keine Zinn- und kaum Kupfervorkommen hat, ist sie bestrebt, beide wichtigen Metalle im Austausch zu erhalten. Landwirtschaft und Handwerk blühen allmählich auf. Die Seefahrt wird weiterentwickelt.
Die Kreter profitieren von der günstigen geographischen Lage ihres Eilandes: Die Insel bietet den Menschen eine ungestörte, friedliche Entwicklung; im Schnittpunkt dreier Kontinente gelegen, nimmt sie fremde Neuerungen bereitwillig auf.
Am Ende des Jahrtausends löst sich die Urgesellschaft allmählich auf. Die beginnende soziale Differenzierung wird erkennbar in unterschiedlichen Grabbeigaben (z. B. reich ausgestattete Gräber in Mochlos), in der Architektur (größere Häuser für das »Stadtoberhaupt«, z. B. in Vassiliki) und in der Verwendung von Siegeln (zum Schutz von Eigentum). Verwendung der schnellen Töpferscheibe. Die kretische Hieroglyphenschrift kommt in Gebrauch (vom letzten Viertel des 3. Jt. bis Mitte des 2. Jt. v. Chr.

2000 bis 1700 v. Chr.

Die Archäologen nennen diese Periode *Zeit der älteren Paläste* oder unterteilen sie in Mittelminoisch Ib – Mittelminoisch II (in der Keramik: Kamaresstil). Die Insel bleibt von starken Wanderungsbewegungen im östlichen Mittelmeergebiet verschont. Staatsentstehung auf Kreta. Die ersten großen Paläste werden in Knossos, Phaistos und Mallia, vielleicht auch schon in Kato Zakro und Chania gebaut. Die Paläste haben im Verlauf des folgenden halben Jahrtausends die gleiche Funktion. Sie sind wirtschaftliche, kultische und repräsentative Zentren der jeweiligen Gebiete. Der Palast von Phaistos könnte zeitweilig auf der Insel eine führende Rolle eingenommen haben. Niemand weiß heute genau, ob es im minoischen Kreta einen Zentralstaat, einen Staatenbund oder einzelne Stadtstaaten gab. Auf der Insel gibt es keinerlei Befestigungen. Die Paläste werden mitunter durch Erdbeben teilweise, zum Schluß völlig zerstört. Die Linear-A-Schrift wird neben der kretischen Hieroglyphenschrift benutzt.

1700 bis 1375 v. Chr.

Die Archäologen nennen diese Periode *Zeit der jüngeren Paläste* oder unterteilen sie in Mittelminoisch III, Spätminoisch I (in der Keramik: Flora-,

dann Meeresstil), Spätminoisch II (Palaststil) und Spätminoisch IIIa. Eigentliche Blütezeit der minoischen Kultur. Alle Paläste werden in größerer Pracht wiederaufgebaut. Daneben entstehen, fast über die ganze Insel verbreitet, kleinere »Paläste«, die sogenannten Herrenhäuser oder Landsitze. Der Palast von Knossos ist nun der größte und führende auf dem Eiland. Hier herrscht der Sage nach König Minos über alle Kreter. Die Minoer besitzen zahlreiche Kolonien bzw. Handelsstützpunkte im östlichen Mittelmeerraum.
Um das Jahr 1500 v. Chr. erfolgt ein gewaltiger Vulkanausbruch auf der rund 100 Kilometer nördlich entfernt liegenden Insel Thera, der auch auf Kreta Zerstörungen herbeiführt. Doch erst 50 Jahre später werden, außer in Knossos (und Chania), alle kretischen Paläste und viele minoische Siedlungen vernichtet.
Die Mykener haben vermutlich die Insel des Minos, die nun nicht mehr durch eine starke Flotte gestützt war, erobert und residieren in Knossos. Erste Kriegergräber werden angelegt. Die Linear-B- verdrängt die Linear-A-Schrift. Vermutlich um 1375 v. Chr. erfolgt die endgültige Zerstörung des Palastes von Knossos (jedoch wird jetzt in der Forschung auch ein späterer Zeitansatz erwogen).

Nach 1375 v. Chr.

Die Archäologen nennen diese Periode *Nachpalastzeit* oder unterteilen sie in Spätminoisch IIIb und c (bis etwa 1150 v. Chr.).
Kreta ist anfangs eine mykenische Provinz. Der griechische Stamm der Dorer kommt auf die Insel.
Im 1. Jahrtausend v. Chr. existieren auf Kreta viele rivalisierende Stadtstaaten. Im Jahre 67 v. Chr. wird das Eiland römische Provinz.

Chronik alter Kulturen am Mittelmeer von 2000 v. Chr. bis 1000 v. Chr.

	KRETA	GRIECHISCHES FESTLAND	KLEINASIEN
2000	Staatsentstehung. Zeit der älteren Paläste (2000–1700). Paläste in Knossos, Phaistos und Mallia. Kamareskeramik (19.–18. Jh.)	»Einwanderung der Achäer«. Urgesellschaftliche Verhältnisse bestehen weiter.	Assyrische Handelsniederlassungen. Viele kleine Fürstentümer. Einwanderung der Hethiter
1800	Zeit der jüngeren Paläste (1700–1375). Paläste in Knossos, Phaistos, Mallia, Kato Zakro, Chania	Sogenannte Mittelhelladische Kultur. Minyische Keramik	Älteres Reich der Hethiter (ab 1650). Hattuschili I. und Murschili I. sind bedeutende Herrscher.
1600	Blütezeit des minoischen Kreta. Vulkanausbruch auf Thera (um 1500). Eroberung Kretas durch die Mykener (um 1450)	Mykenische oder Späthelladische Zeit (1600–1150). Staatsentstehung. Schachtgräber, ab 1500 Fürstenbestattungen in Kuppelgräbern	Schwächung des hethitischen Staates durch innere Machtkämpfe. Erneute Festigung durch Thronfolgeerlaß des Telipinu (um 1525)
1400	Palast von Knossos wird endgültig zerstört. Kreta ist mykenische Provinz. Ende der Bronzezeit	Blütezeit der mykenischen Kultur. Burgen werden stärker befestigt. Mykene wird führende Handelsmacht im östlichen Mittelmeer.	Schuppiluliuma I. begründet nach 1380 jüngeres Reich (Großreich) der Hethiter. Schlacht bei Kadesch zwischen Hethiter und Ägypter (um 1275). Trojanischer Krieg?
1200	Dorer erobern Kreta. Beginn der Eisenzeit	»Dorische Wanderung«. Zerstörung der mykenischen Burgen. Beginn des »Dunklen Zeitalters«	Ende des Hethiterreiches. Seevölkerbewegung

ÄGYPTEN	SYRIEN/PALÄSTINA	MESOPOTAMIEN	
Mittleres Reich (1991–1785). Trockenlegung des Fayum zur zusätzlichen Gewinnung landwirtschaftlicher Nutzfläche	An der syrischen Küste zahlreiche Handelsstädte, (z. B. Byblos, Ugarit). Enge Verbindung zu Ägypten	Bedeutende Stadtstaaten: Assur (in Nordmesopotamien), Isin und Larsa (Südmesopotamien). Anfang des altbabylonischen Reiches	**2000**
Erneuter Zerfall des einheitlichen ägyptischen Reiches. Nach 1650 Fremdherrschaft der Hyksos	Großkönigtum von Jamchad mit Aleppo als Hauptstadt. Um 1650 erobern die Hethiter Nordsyrien.	Zeitweilige Einigung Mesopotamiens unter Hammurapi von Babylon. Gesetzessammlung. Einfall des Bergvolkes der Kassiten	**1800**
Vertreibung der Hyksos. Neues Reich (1551–1080). Unter Thutmosis III. (1490–1439) erreicht das wiedervereinte Ägypten seine größte Ausdehnung.	Weiteres Vordingen der Hethiter bis Aleppo (1594). In Ugarit besteht eine minoische Handelsniederlassung.	Herrschaft der Kassiten in Babylon. Oberhoheit der Mitanni in Nordmesopotamien (Assyrien)	**1600**
Zuspitzung der Machtkämpfe zwischen Pharao und Priesterschaft unter Amenophis IV. (Echnaton). Ramses II. schließt Friedensvertrag mit Hethitern.	Syrien unter Oberherrschaft der Hethiter (bis 1200). Alphabetschrift (30 Zeichen) in Ugarit	Hethiter besiegen die Mitanni (um 1350). Assyrien erlangt Selbständigkeit zurück (mittelassyrisches Reich) und herrscht auch zeitweilig über Babylon.	**1400**
Seevölkeransturm wird zurückgeschlagen. Nach 1080 Zerfall des Neuen Reiches. Beginn der Spätzeit	Seevölkerbewegung. Rege phönikische Handelstätigkeit. Vereinigtes Königreich von Israel und Juda	Wiedererstarken Babylons unter Nebukadnezar I. Der Assyrerkönig Tiglatpilesar I. dringt bis zur Mittelmeerküste vor.	**1200**

Inhaltsverzeichnis

Einbandgestaltung: Manfred Rohrbeck
Karten auf Einbandinnenseiten von Wolfgang Mühlberg
Reproduktion: W. Bohm GmbH und Co Reproduktionstechnik KG
Satz, Druck, buchbinderische Verarbeitung: Sachsendruck und Verlag GmbH
Printed in Germany
ISBN 3-358-02017-7

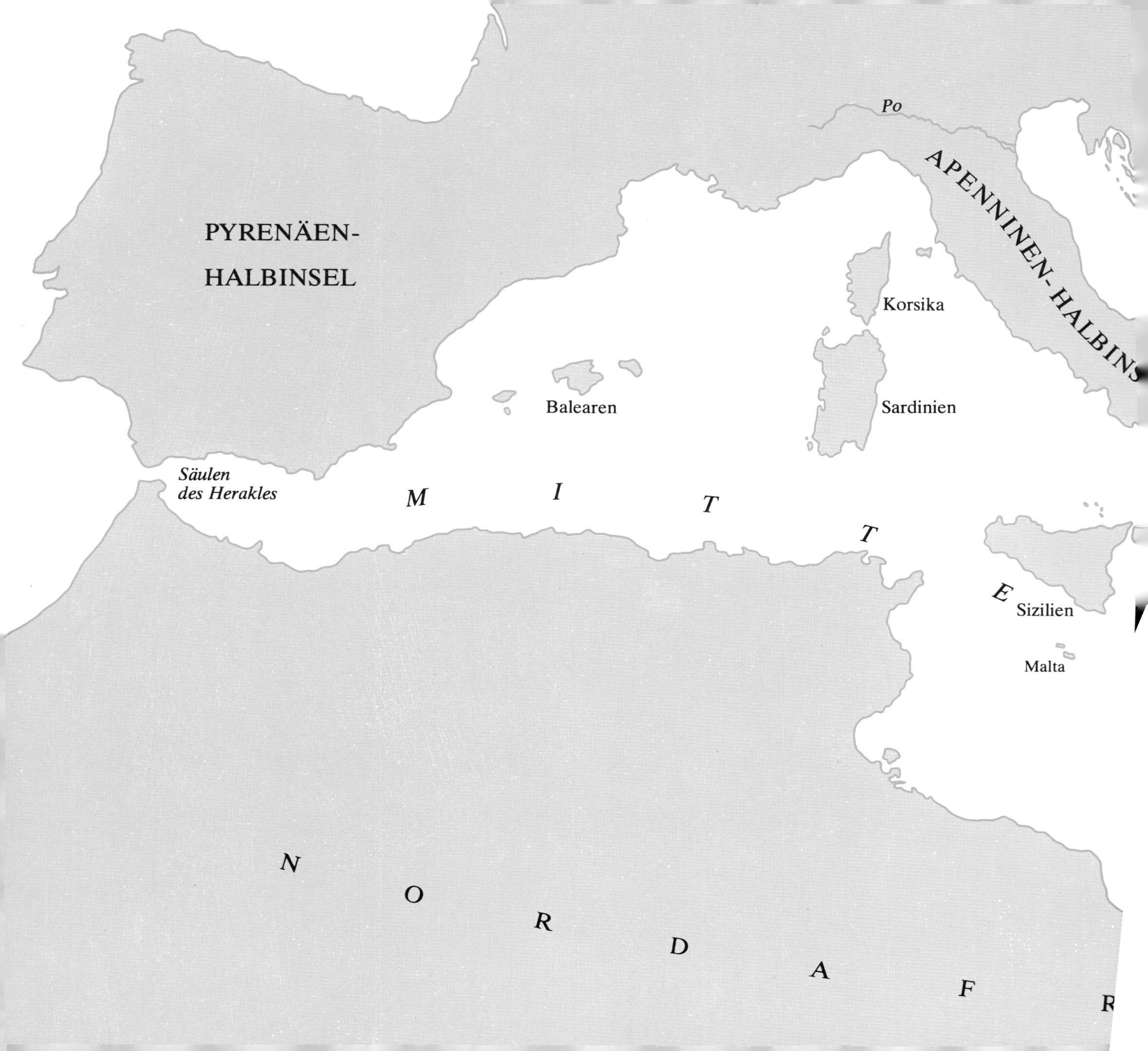

PYRENÄEN-
HALBINSEL
Po
APENNINEN-HALBINS
Korsika
Balearen
Sardinien
Säulen
des Herakles
M I T T E
Sizilien
Malta
N O R D A F R